范孙操 陈启

编著

围棋

完全自学

教程

（基础篇）

人民邮电出版社

北京

图书在版编目（CIP）数据

围棋完全自学教程. 基础篇 / 范孙操，陈启编著
. -- 北京：人民邮电出版社，2021.11
ISBN 978-7-115-56983-7

Ⅰ. ①围… Ⅱ. ①范… ②陈… Ⅲ. ①围棋—教材
Ⅳ. ①G891.3

中国版本图书馆CIP数据核字 (2021) 第142922号

免责声明

作者和出版商都已尽可能确保本书技术上的准确性以及合理性，并特别声明，不会承担由于使用本出版物中的材料而遭受的任何损伤所直接或间接产生的与个人或团体相关的一切责任、损失或风险。

内 容 提 要

本书紧扣围棋基础知识，以吃子、连接与分断、死活、行棋手法、布局、定式、杀气、打劫、攻击与防守、收官 10 个主题作为训练内容，每一个训练主题均包括讲解、练习题和练习题解答三部分。本书在写法上力求由浅入深、层层递进，既主题分明又融会贯通。因此，阅读本书犹如聆听课堂传授，可以帮助读者启迪思维。本书适合零基础的围棋爱好者。

◆ 编　著　范孙操　陈　启
　　责任编辑　裴　倩
　　责任印制　马振武

◆ 人民邮电出版社出版发行　　北京市丰台区成寿寺路 11 号
　　邮编　100164　　电子邮件　315@ptpress.com.cn
　　网址　https://www.ptpress.com.cn
　　大厂回族自治县聚鑫印刷有限责任公司印刷

◆ 开本：700×1000　1/16
　　印张：13　　　　　　　　　2021 年 11 月第 1 版
　　字数：200 千字　　　　　　2021 年 11 月河北第 1 次印刷

定价：49.80 元

读者服务热线：**(010)81055296**　印装质量热线：**(010)81055316**
反盗版热线：**(010)81055315**
广告经营许可证：京东市监广登字 20170147 号

前　言

  Alphago的出现让更多的人认识了围棋，围棋爱好者和学围棋的孩子越来越多。许多家长送孩子进围棋培训班习弈，还有许多初学者借助围棋读物自学，从而开始步入领略围棋技艺之魅力的黑白天地。为了帮助大家理解围棋知识并尽快提高棋艺，我们特意编写了《围棋完全自学教程（基础篇）》和《围棋完全自学教程（提高篇）》这两本书。

  《围棋完全自学教程（基础篇）》以初学者为对象，适于入门至围棋5级的爱好者阅读；《围棋完全自学教程（提高篇）》以有一定基础者为对象，适于围棋5级至业余入段的爱好者阅读。这两本书均围绕有关围棋基本功的知识点展开训练，只是在难易程度和深浅讲究上有所不同。在吃子、死活、布局、收官等每个训练主题中，都包括讲解、练习题和练习题解答三方面内容，且始终以练习为主，以讲解为辅。在写法上，则力求由浅入深、层层推进，既主题分明又融会贯通，真正起到有效传授和启迪思维的作用。

  限于水平和教学经验，书中或有不妥之处，还望广大读者批评指正。

编著者

2021年元月于北京

目　录

目 录

第1章 吃子训练

下围棋，首先遇到的是吃子。掌握必要的吃子技术，不仅能为学习其他知识打下良好基础，而且还能提高初学者的对弈兴趣。

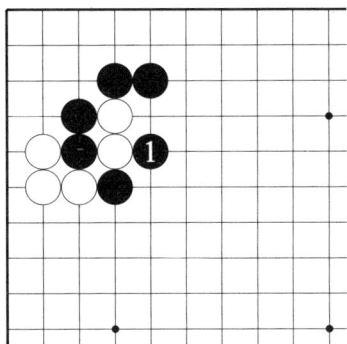

图 1

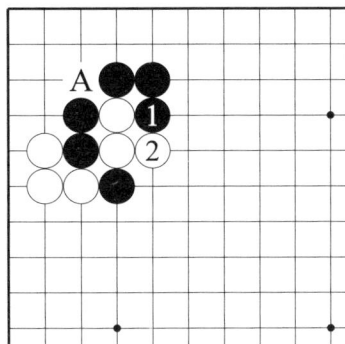

图 2

图1 黑1打吃正确，白两子就像被关进了门。这种吃子法叫门吃。

图2 黑1打吃错误，等于两扇门只关闭了一扇。白2从另扇门逃出之后，黑不但吃不住白子，白棋反而要下A位吃黑两子了。

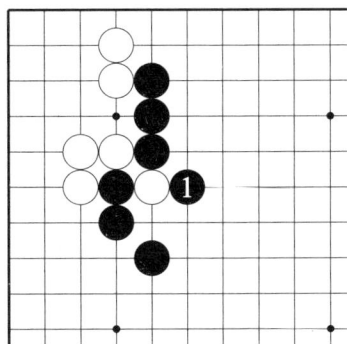

图 3

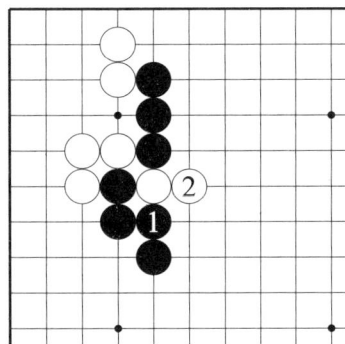

图 4

图3 黑1打吃白一子，这个白子就像被紧紧抱住而动弹不得。这种吃子法叫抱吃。

图4 黑1打错了方向，白子就像被松绑一样，白2得以鱼归大海。

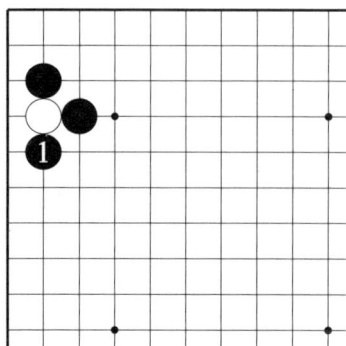

图　5

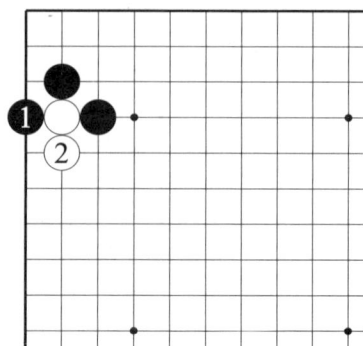

图　6

图5　黑1打吃，二路线上的这个白子便无路可逃。有三个棋子，就能把对方的一个二路上的棋子吃死，这种吃子法叫二路吃。采用二路吃法，不仅能吃住对方一个子，还能吃住对方两个子、三个子甚至更多的子。

图6　但是要注意，千万不要如黑1这样打吃，这就成一路吃了。白2一逃，黑也就吃不住白子了。

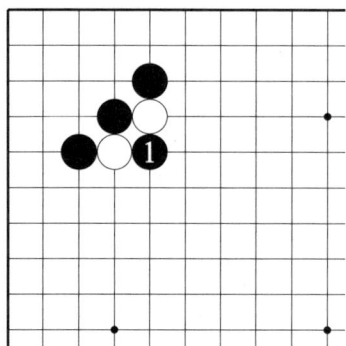

图　7

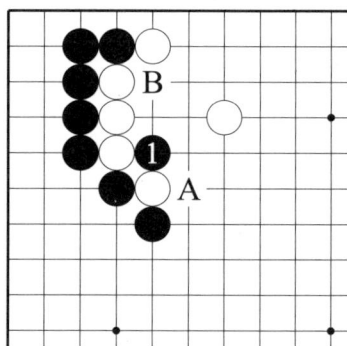

图　8

图7　黑1同时叫吃对方两处棋子，两个白子必死一个。这种吃子法叫双叫吃，也称双吃、双打吃。

图8　黑1虽然没有直接双叫吃，但白若A位逃一子，黑可B位门吃白三子，这种吃子法也属于双叫吃。

以上介绍的吃子法比较简单。接下来要说的吃子法相对难些，但也同样都属于围棋吃子的基础知识。

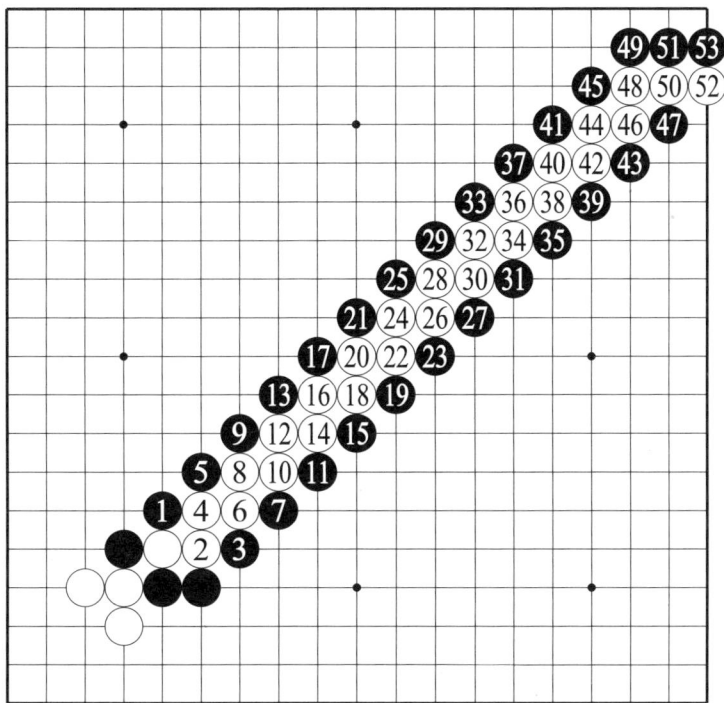

图 9

图9　黑1打吃白一子，白2出逃，黑3接着打吃白两子，白不见棺材不落泪，坚持逃跑路线，至黑53，白惨败。图中黑棋的吃子方法叫征或征吃，又俗称扭羊头或拐羊头。

征吃的特点是：征的一方始终使被征的棋子只保留一口气，对方往哪边逃，就在哪边迎头堵住叫吃，直至被征的棋子接近边角反正已逃不掉时，才允许改变堵的方向（如图9中的黑51）。

当被对方征吃的时候，千万不要逃，胡乱逃窜，这样只能越死越多。切莫存有侥幸心理，幻想着对方会堵错方向。一旦出现如图9那种被全歼的情况，对局便可宣告结束。

但是，征又是有条件的，要看征子关系如何。如果在逃征子的路线上有自家的子接应，则征吃不能成立。

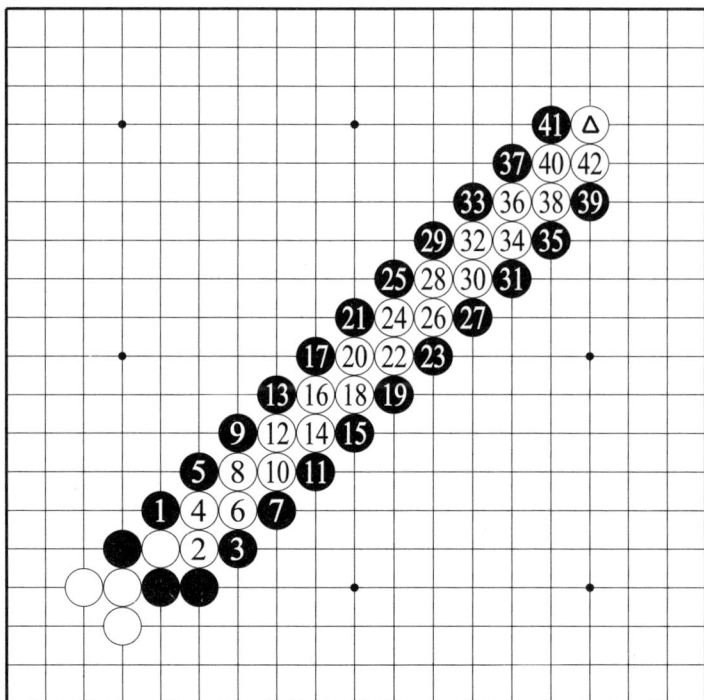

图　10

图10　现在，右上角有白△一子。黑棋照方抓药，企图征吃。至白42，大串白子已与白△子连成一体，征吃企图破灭。黑非但吃不住白子，反而由于长途误征使自身的棋子七零八落，白随便把棋子放在一个地方就能形成双叫吃，对局同样可早早收场。

因此，在运用征的手段时，一定要事先看清楚己方是否征子有利。像图9中白方逃征子没有接应子，为黑征子有利，白征子不利；像图10中白逃征子有接应子，为黑征子不利，白征子有利。在征子不利的情况下，一方面是不要贸然去征，一方面是不要轻易去逃，二者都极为重要。

区分征子有利还是征子不利，没有别的办法，只能靠眼睛盯住棋盘上征子的逃跑路线，一点一点去查验。

征带有一定的全局性。此处征子能否得手，与他处棋子配置有关。例如图9，当黑1征吃时，为黑征子有利；倘若接下来白2并未逃征子，而是如图10在右上角下了白△子，则白△子起到了引征的作用，征子关系便由此变成了黑征子不利，于是黑就有必要马上采取能确保吃住左下白一子的措施。

枷，是古代的一种刑具。围棋里的枷，是一种吃子方法。棋子被枷住了，便再难逃生。

图　11

图　12

图11　黑1枷，一下子就给白△子戴上了枷锁。此时用征的方法无法吃住这个白子。

采用枷不仅能吃对方一个子，两个子、三个子乃至更多的子一样照吃不误。

图12　黑1枷住白两子。

图　13

图　14

图13　黑1枷住白三子。

图14　黑1枷住白四子。

枷这种吃子方法特别顶用。虽然它不是直接打吃，可它的效果却常常胜过直接打吃。能枷住对方棋子的点在多数情况下是唯一的。

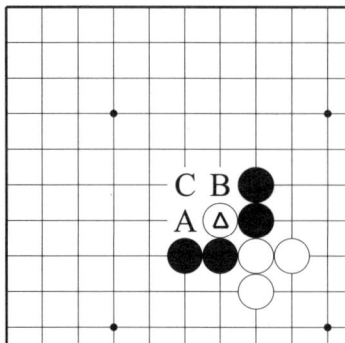

图　15

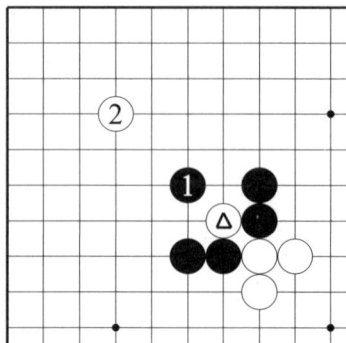

图　16

图15　想吃白⊿一子很简单，既可A或B位征吃，又可C位枷吃。

图16　黑1枷吃，白2占角，但白2与白⊿子之间没有任何牵连。

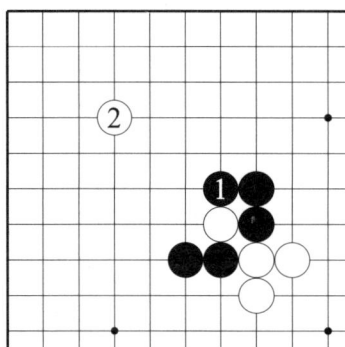

图　17

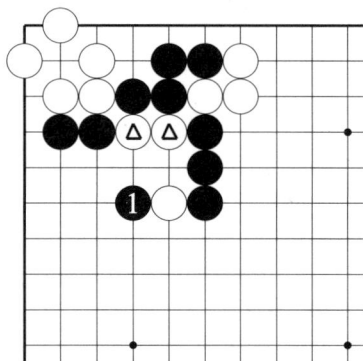

图　18

图17　黑1征吃，白2占角，现在情况就不同了。为了防白逃征子，黑棋总要补一手，这样一来黑在局部就花费了两手棋。

吃同一处棋子，当既可用征的方法又可用枷的方法时，通常用枷吃的方法为好。枷只是一种战术手段，带有局部性或区域性的限制。此处枷吃能否得手，与他处棋子配置基本无关。

图18　黑1这样枷比较特殊，被枷住的白⊿二子已跑不了。黑1的手法也称夹，左右两个黑子把中间的一个白子给夹住了，但黑夹住的却不是要枷吃的两个白子。

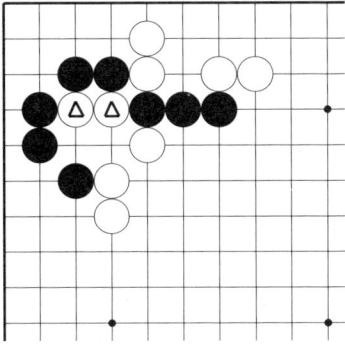 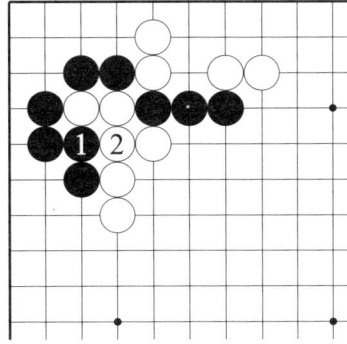

图 19 图 20

图19 把黑棋分断的是白△两子，你有办法把这两子吃掉吗?

图20 要是黑1打吃，白2正好接上，黑就没戏唱了。

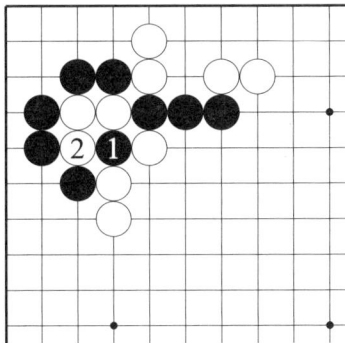 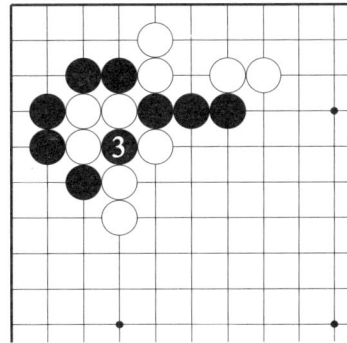

图 21 图 22

图21 黑1倒扑进去是好棋，白2把黑1这个子提掉。

图22 然后黑3再把三个白子提回来，倒扑过程结束。

黑先让白提一子，继而在被提黑子的那个点上落子再提白数子，这种吃子方法叫倒扑，俗称倒包。

倒扑过程可分为两个步骤，第一是先送吃，第二是把更多的子吃回。但是在实战中，我们常常只看到了第一步骤，却看不到第二个步骤。

仍看图21，因为被倒扑的白二子已经死了，所以白棋已无必要再下白2去提。

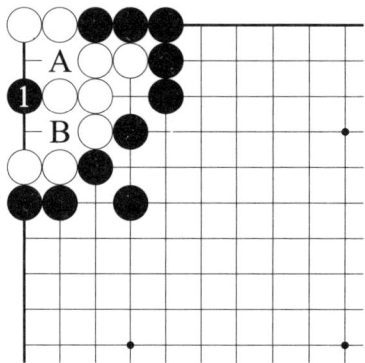

图　23

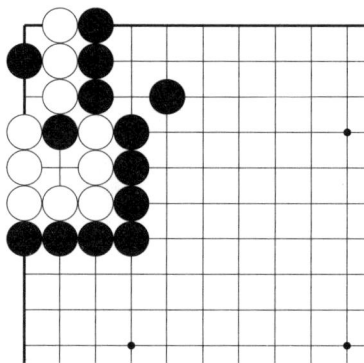

图　24

图23　黑1妙，接下来A位或B位均可倒扑吃，二者必得其一。一步棋能同时产生两个倒扑，称为双倒扑。

图24　本棋例更妙，围棋技艺之魅力由此可见一斑。

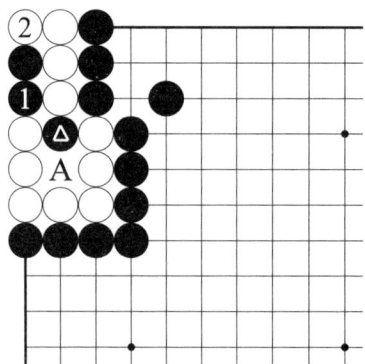

图　25

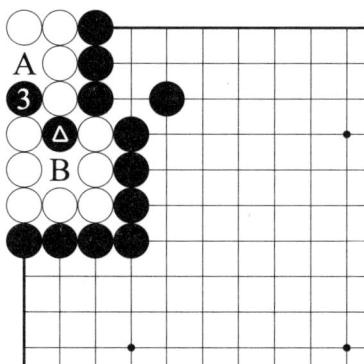

图　26

图25　黑1扑吃，白2只能这样提。白2若改在A位提，则黑下❹位可提白下半部子。

图26　接上图，黑3成双倒扑，白技穷。接下来，白若下A位，则黑3位提；白若下B位，则黑❹位提。

倒扑是具有代表性的吃子技巧之一，在实战中的应用非常广泛。双倒扑在实际对局时虽应用机会不多，但你也不能不知道。

接着我们来看看扑吃接不归这种吃子方法。

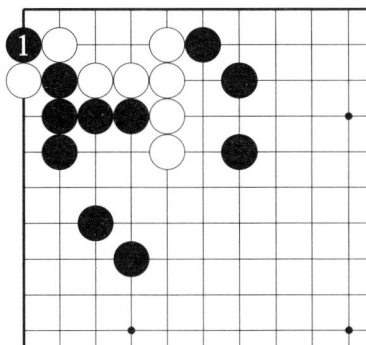

图 27

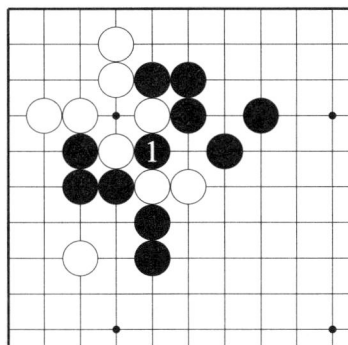

图 28

图27 黑1往对方虎口里送，故意送吃一子，称扑。

图28 尽管黑1并不能吃到白子，但黑1的下法是扑。

扑仅指一步棋的走法，而不管这步棋的目的。不管你抱有什么企图，或者你根本就看错了，真成了白白送吃一子，但只要你这样下了，就被称作扑。扑在对局时，应用的场合很多。

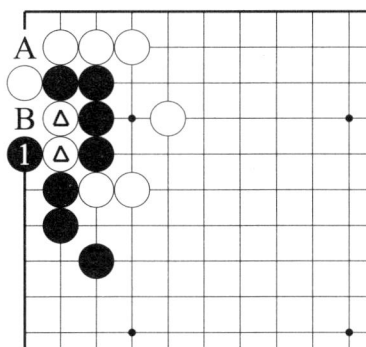

图 29

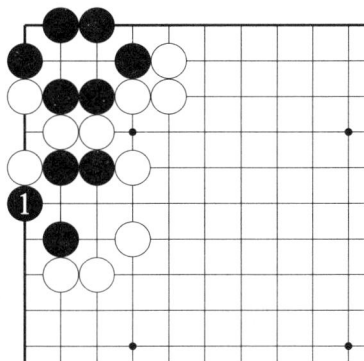

图 30

图29 黑1打吃，因白有A、B两个断头，白△两子接不归了。

图30 黑1打吃，白上、下各一子同时接不归。

接不归指棋子被吃的状态，也是棋子被吃的原因。接不归，就是连不回去了。凡属接不归，都至少有两个断头。

扑往往和接不归联系在一起。扑吃接不归，就是以扑为手段，达到使敌子接不归的目的。

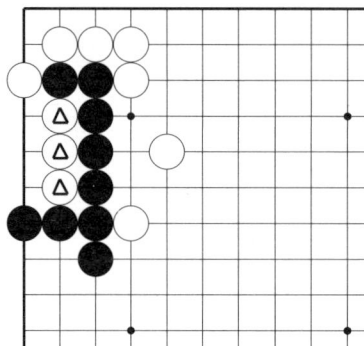

图　31

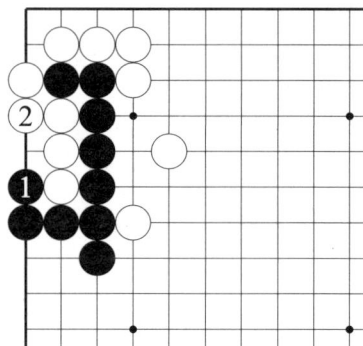

图　32

图31　该黑棋走，有没有办法把白△三子吃掉?

图32　黑1从外面紧气，试图下一步在2位倒扑。但黑1之后该白棋走了，白在2位粘上了，黑企图落空。

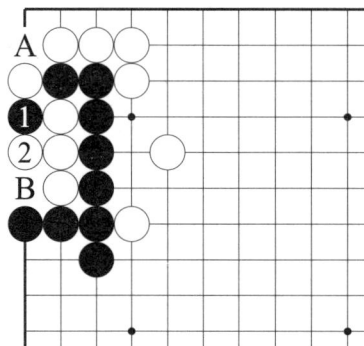

图　33

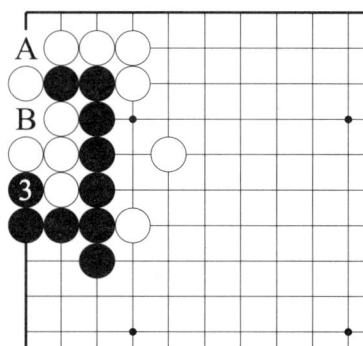

图　34

图33　黑1先扑才对，逼迫白2提。若白2改在A位连，则黑3走B位吃倒包。

图34　接上图，黑3再打吃，白棋有A、B两个断点，已来不及都接上。通过上图黑1扑，让白在2位多出了一个子，给吃接不归创造了条件。

练习题

以下各图均为黑先，能吃掉白△子吗？

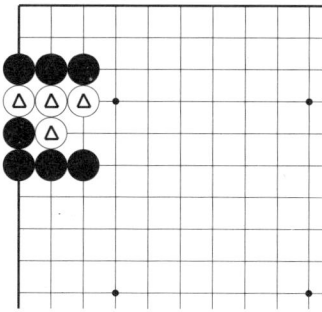

习题1

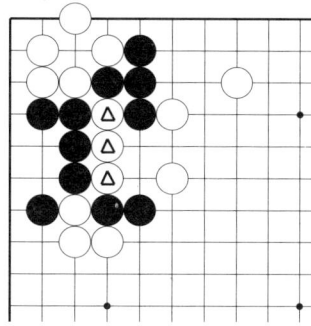

习题2

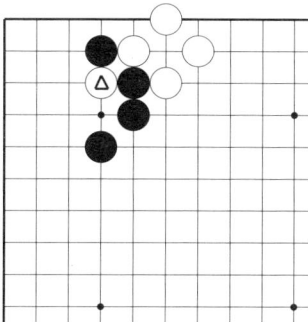

习题3

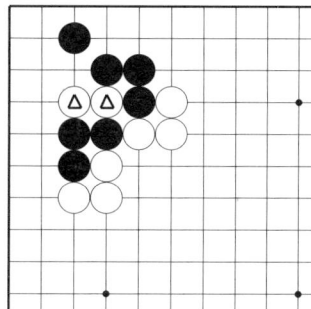

习题4

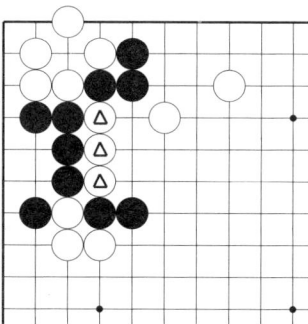

习题5

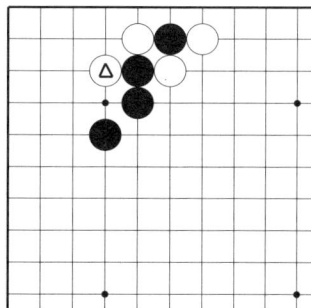

习题6

以下各图均为黑先，有没有吃白子的手段?

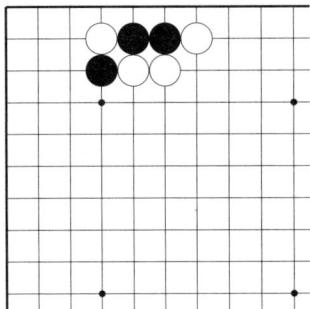

习题7

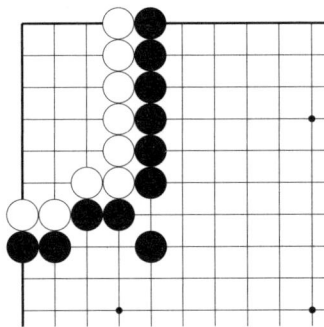

习题8

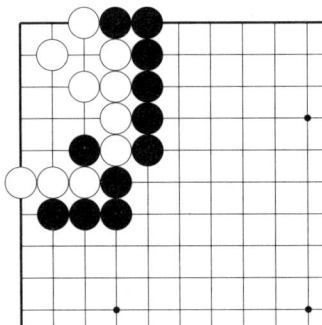

习题9

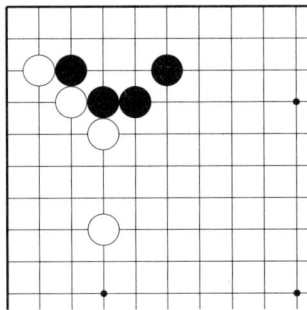

习题10

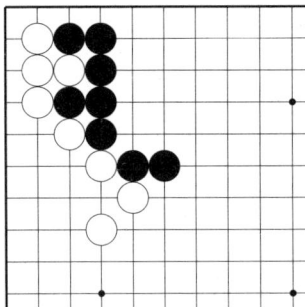

习题11

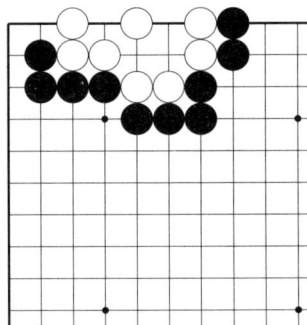

习题12

以下各图均为黑先，请在A和B中选择正确下法。

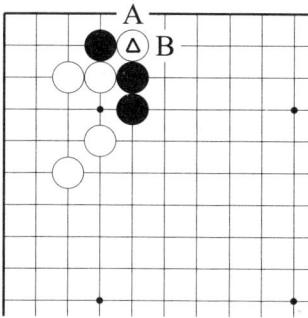

习题13

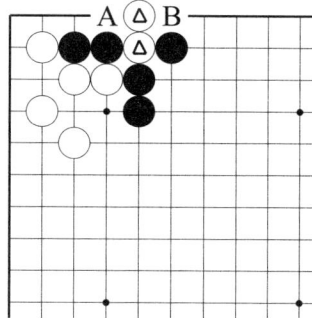

习题14

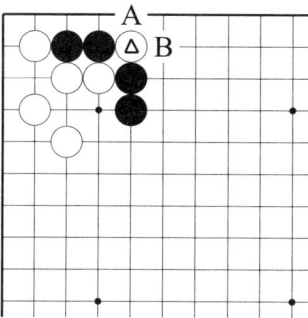

习题15

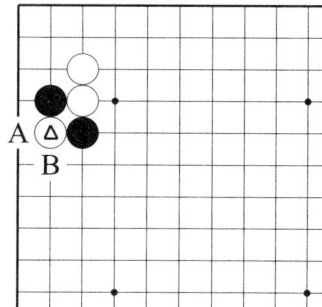

习题16

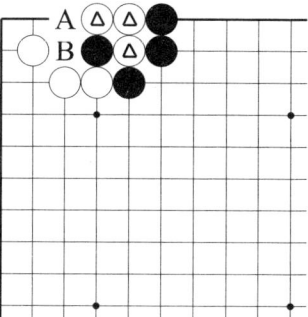

习题17

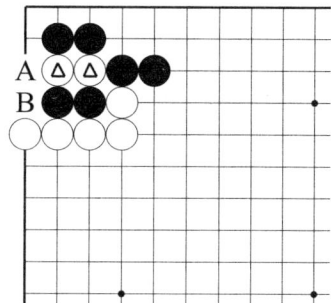

习题18

以下各图均为黑先，请在 A 和 B 中选择正确下法。

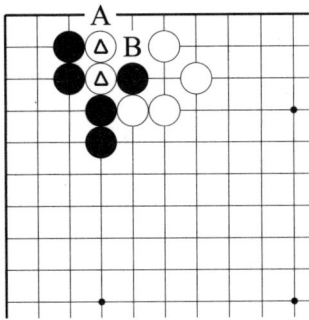

习题 19

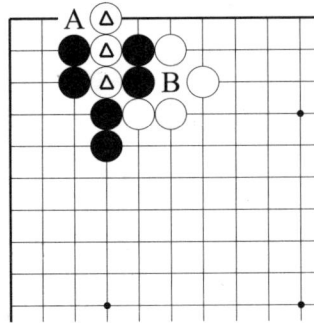

习题 20

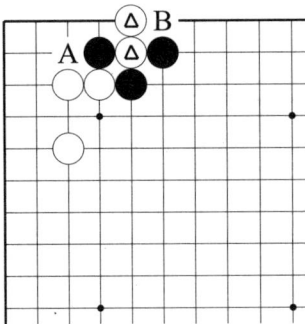

习题 21

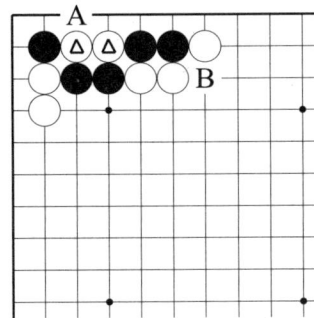

习题 22

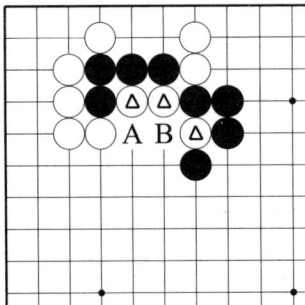

习题 23

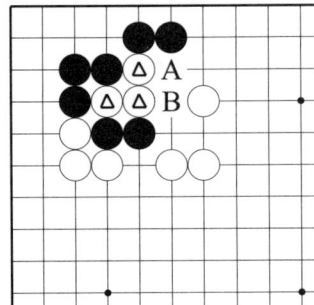

习题 24

以下各图均为黑先，请在A和B中选择正确下法。

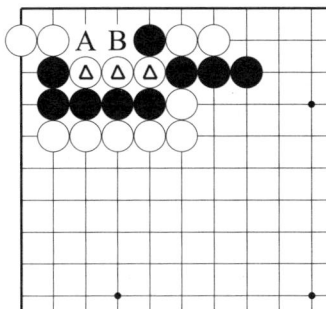

习题25

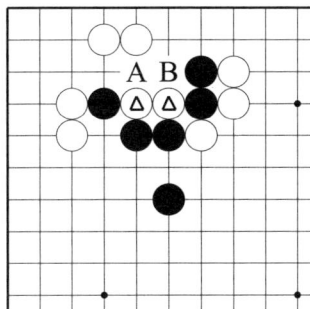

习题26

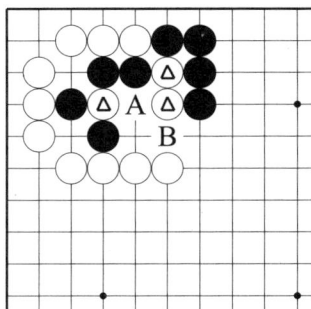

习题27

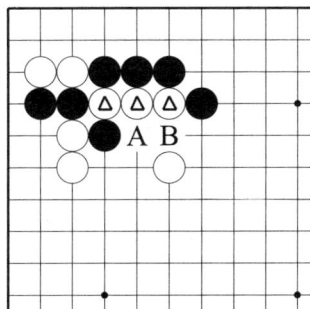

习题28

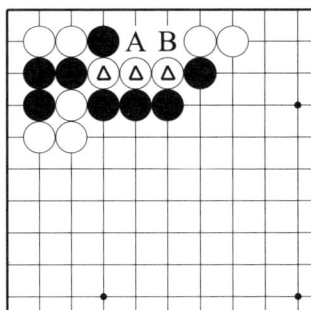

习题29

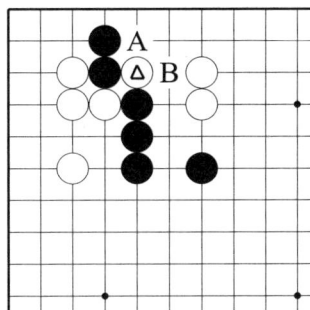

习题30

以下各图均为黑先，请在 A 和 B 中选择正确下法。

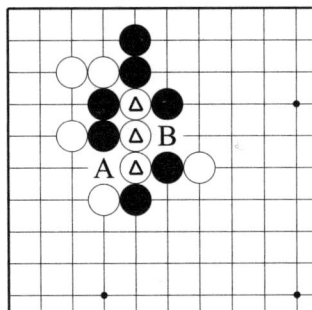

习题31

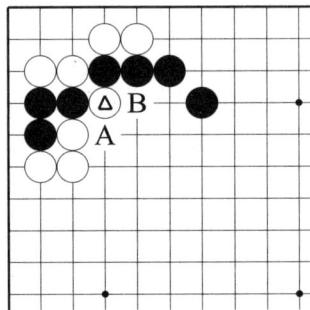

习题32

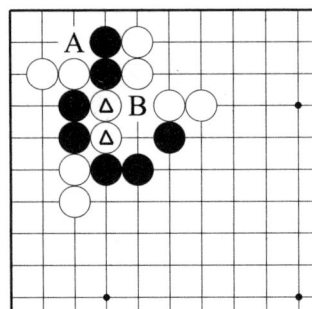

习题33

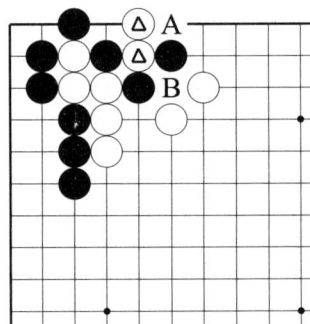

习题34

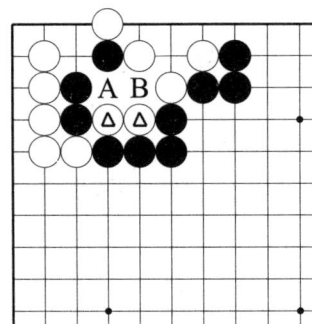

习题35

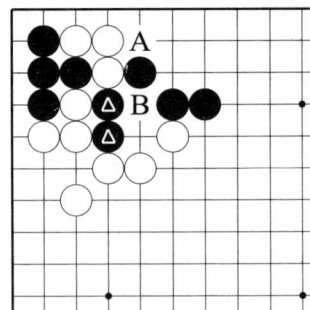

习题36

以下各图均为黑先，请在 A 和 B 中选择正确下法。

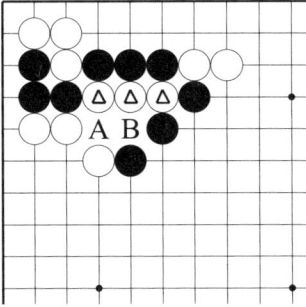

习题 37

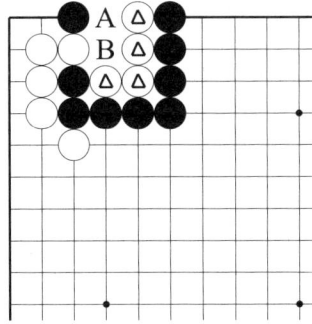

习题 38

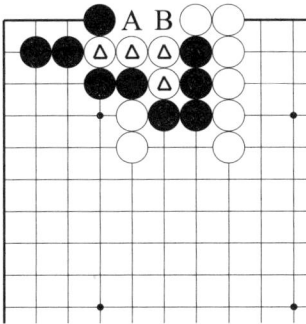

习题 39

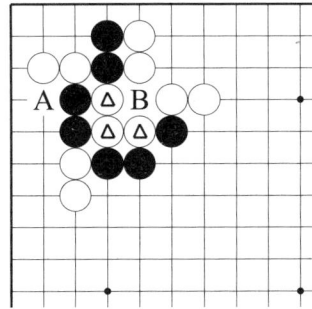

习题 40

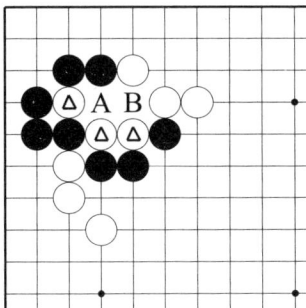

习题 41

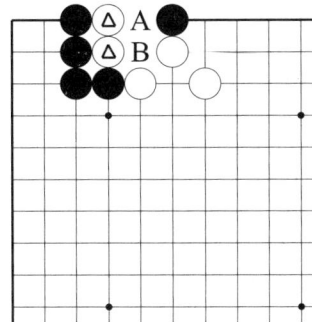

习题 42

以下各图均为黑先，请在A和B中选择正确下法。

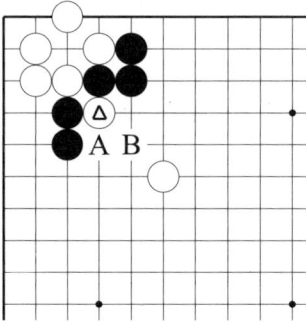

习题43

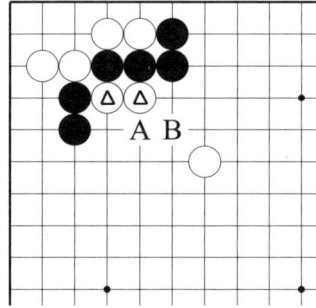

习题44

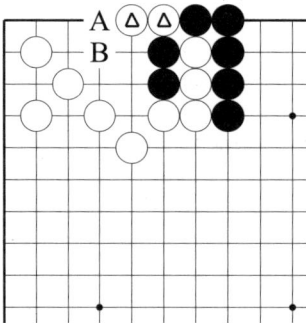

习题45

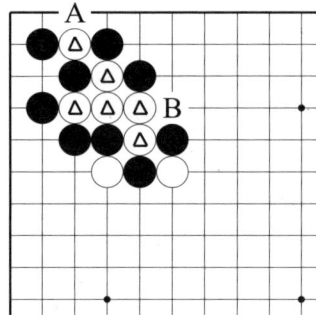

习题46

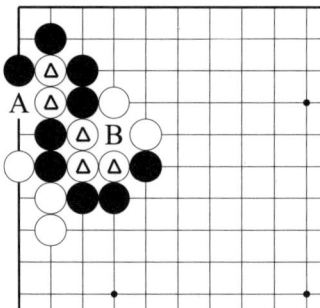

习题47

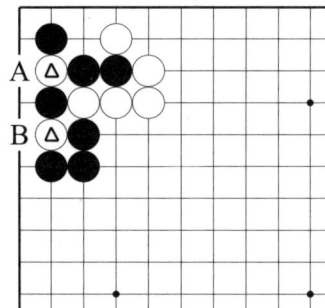

习题48

以下各图均为黑先，请在A和B中选择正确下法。

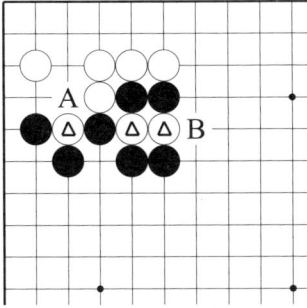

习题49

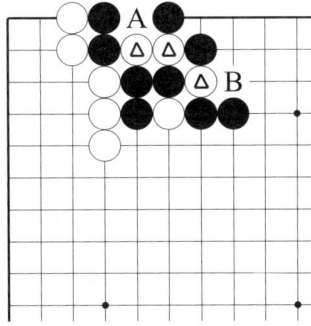

习题50

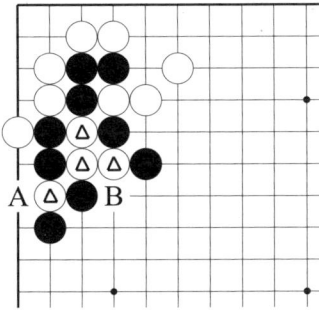

习题51

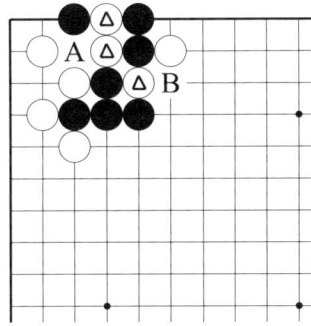

习题52

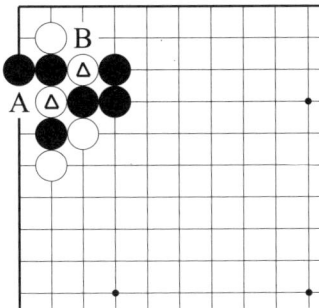

习题53

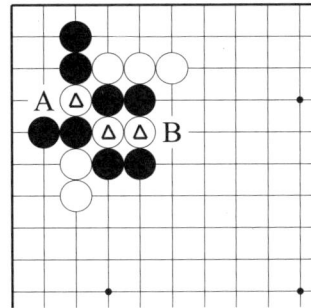

习题54

以下各图均为黑先，请在 A～C 中选择正确下法。

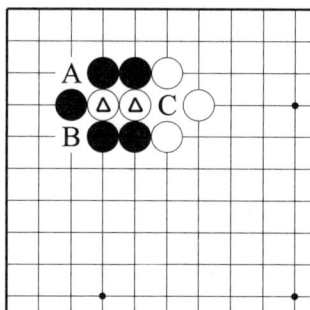

习题55

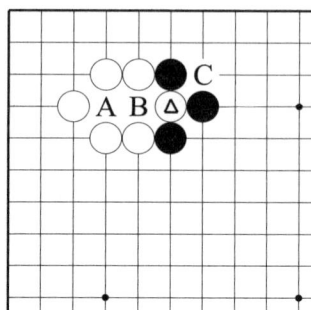

习题56

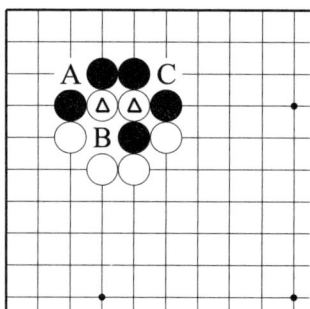

习题57

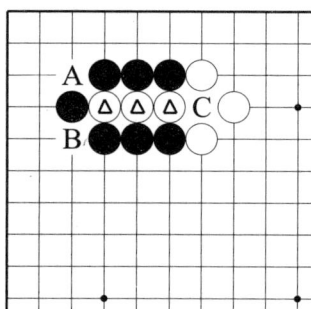

习题58

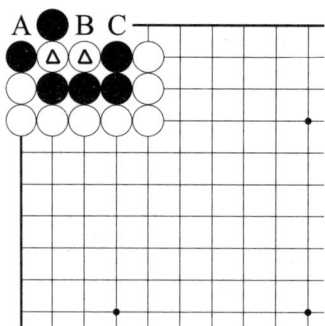

习题59

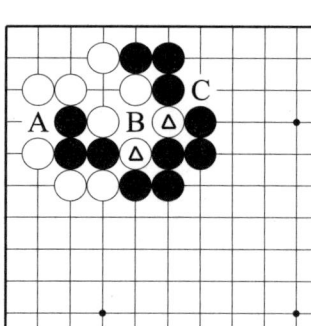

习题60

以下各图均为黑先，请在A~C中选择正确下法。

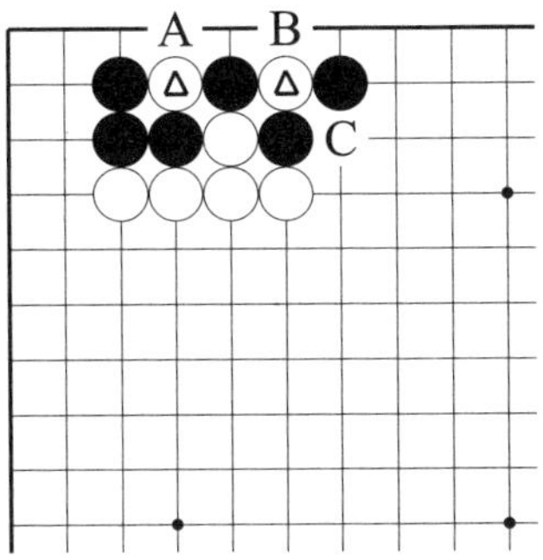

习题61

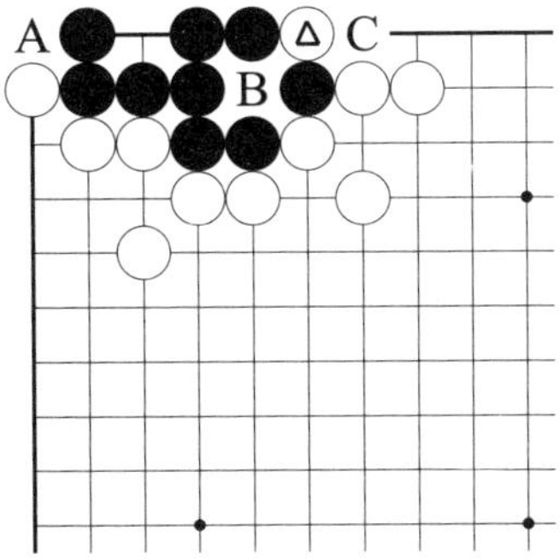

习题62

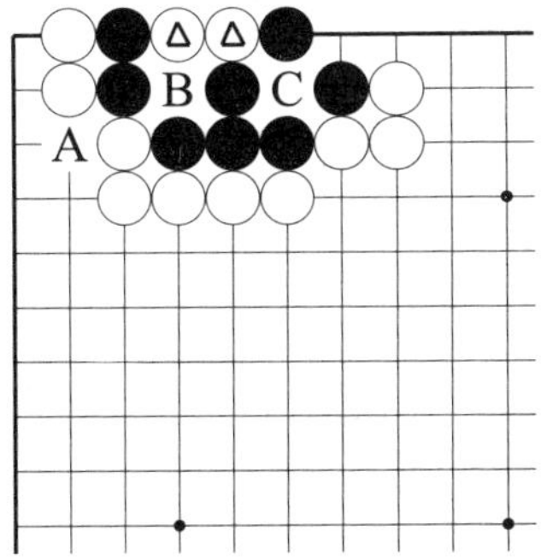

习题63

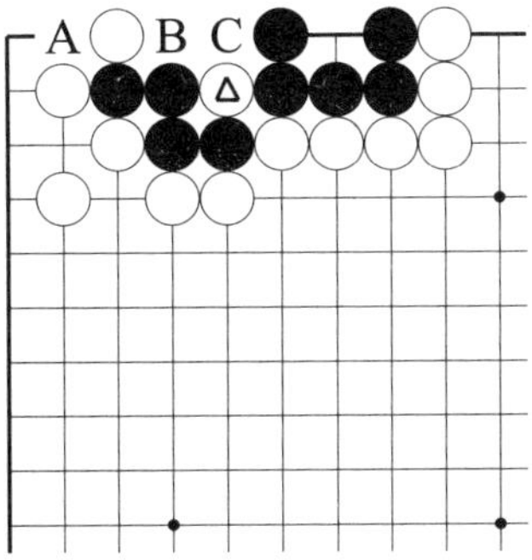

习题64

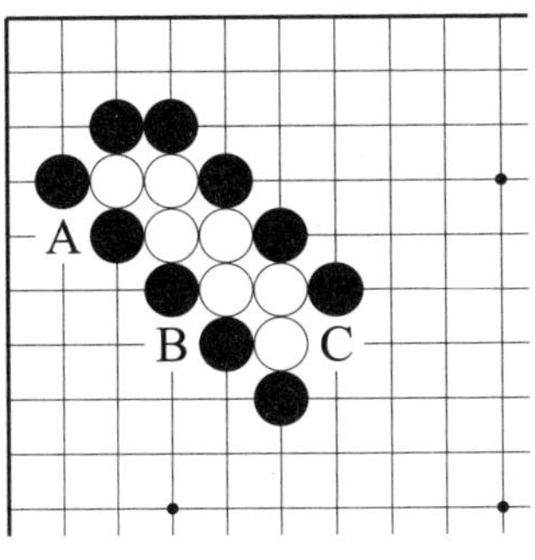

习题65

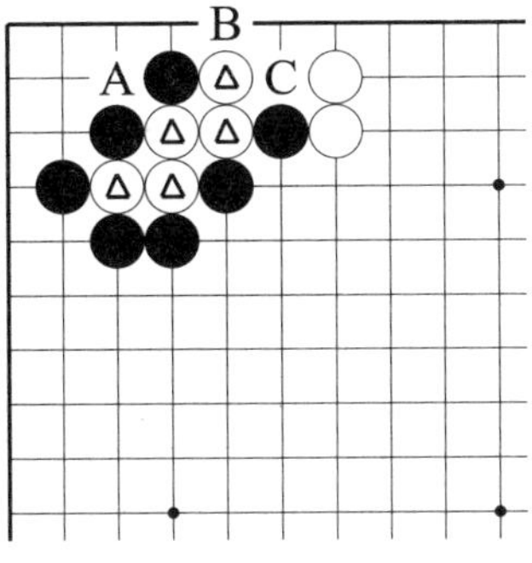

习题66

以下各图均为黑先，请在A～C中选择正确下法。

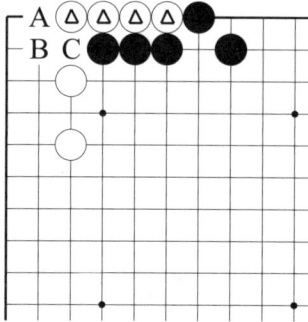

习题67

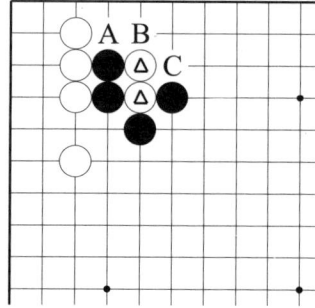

习题68

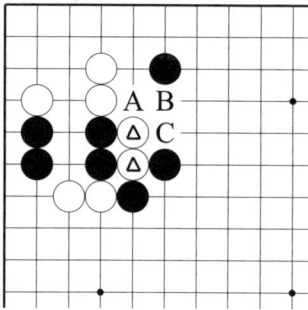

习题69

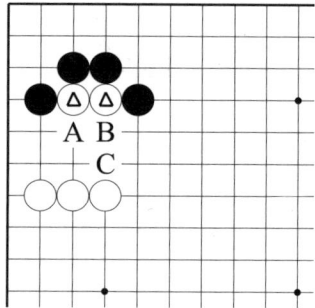

习题70

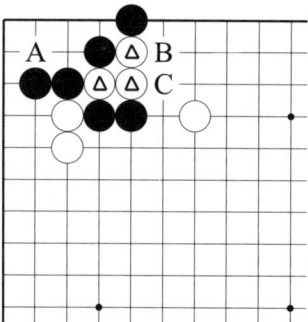

习题71

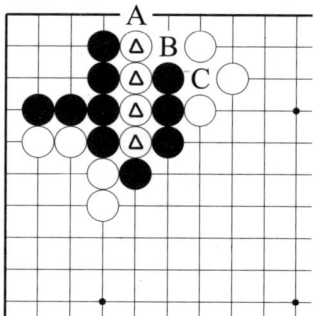

习题72

以下各图均为黑先，请在A～C中选择正确下法。

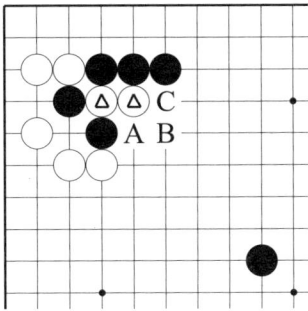

习题73

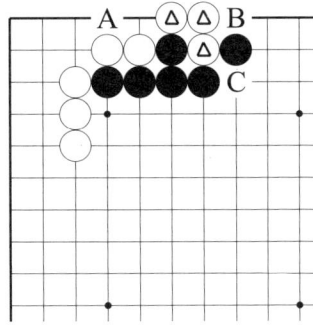

习题74

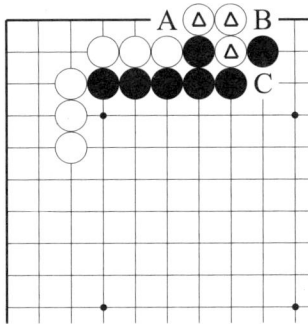

习题75

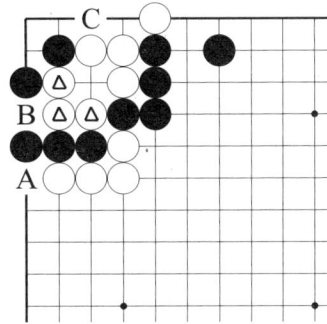

习题76

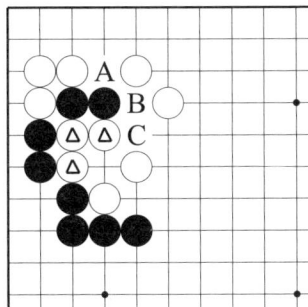

习题77

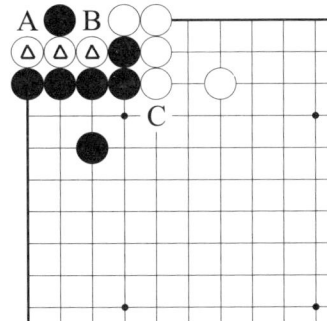

习题78

以下各图均为黑先，请在A～C中选择正确下法。

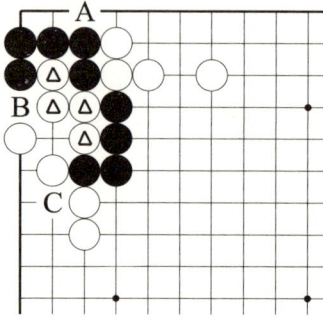

习题79

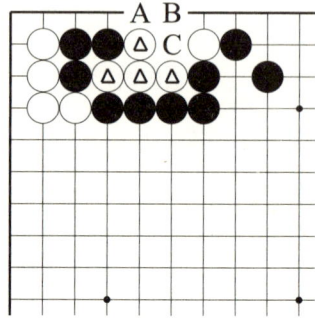

习题80

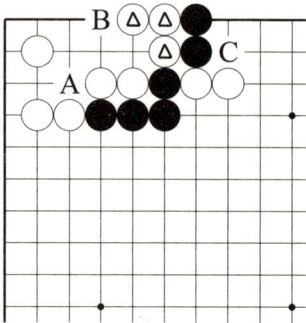

习题81

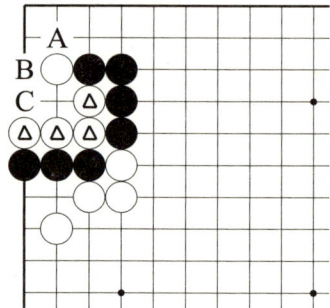

习题82

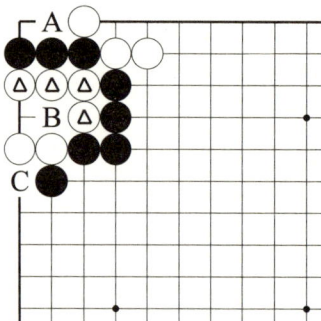

习题83

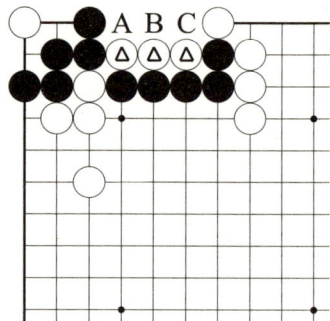

习题84

以下各图均为黑先，请在A～C中选择正确下法。

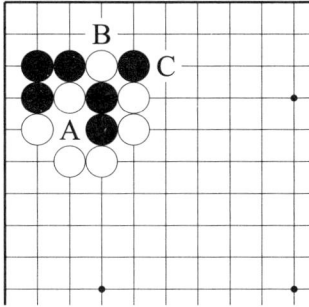

习题85

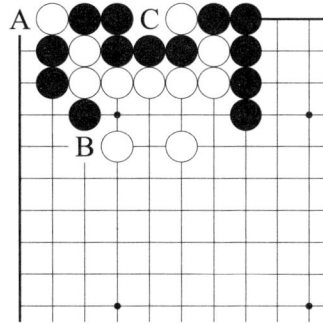

习题86

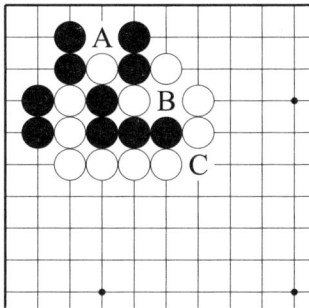

习题87

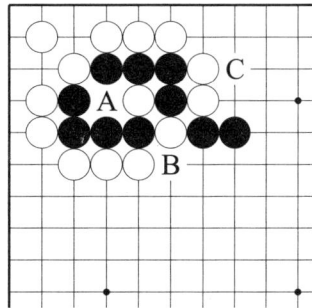

习题88

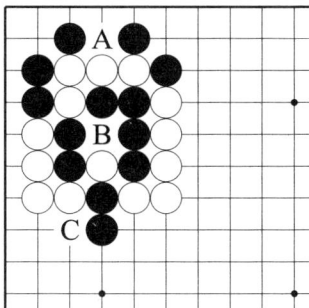

习题89

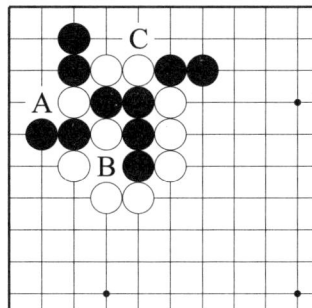

习题90

以下各图均为黑先，请在A～C中选择正确下法。

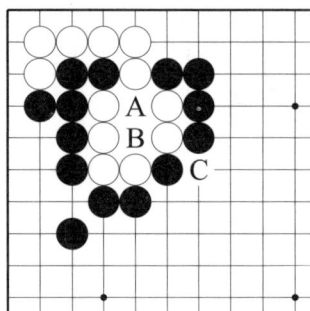

习题91

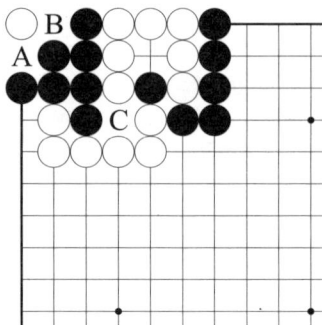

习题92

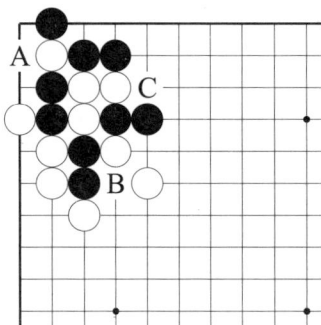

习题93

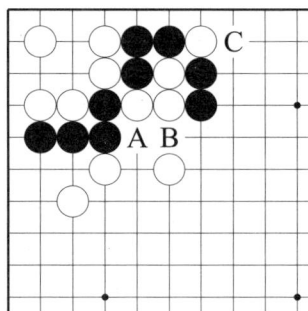

习题94

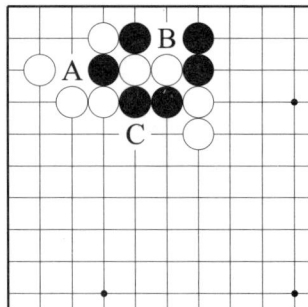

习题95

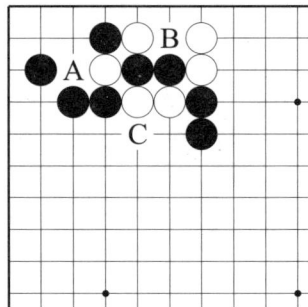

习题96

以下各图均为黑先，请在A～C中选择正确下法。

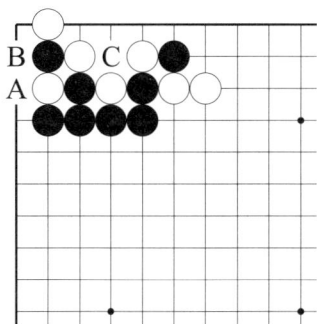

习题97

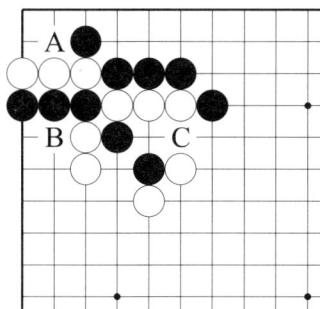

习题98

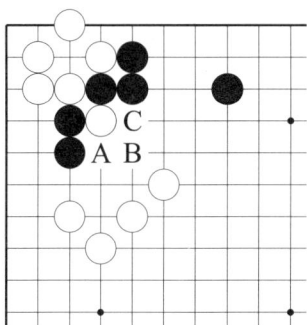

习题99

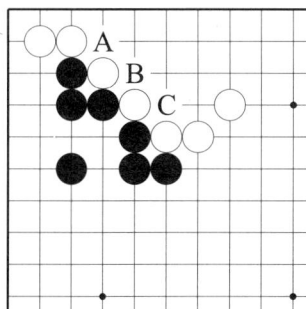

习题100

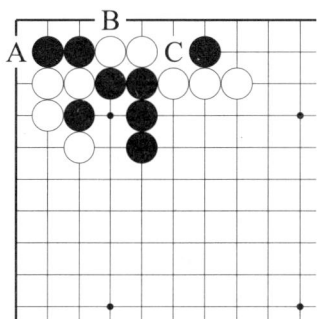

习题101

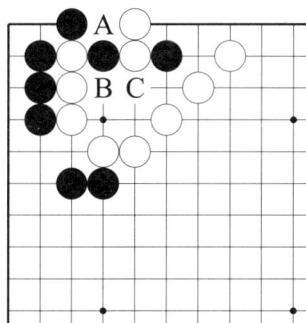

习题102

白1后，黑在A和B中如何选择?

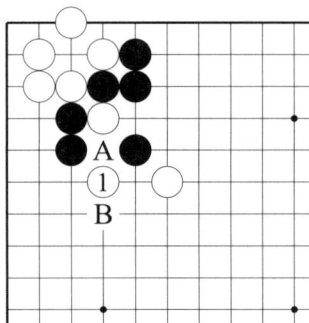

习题103

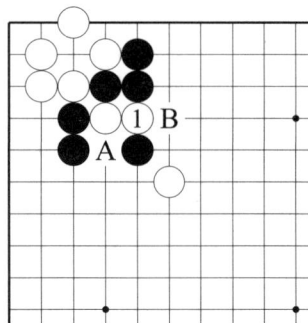

习题104

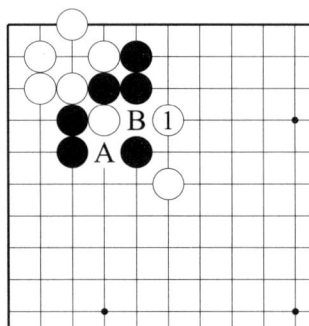

习题105

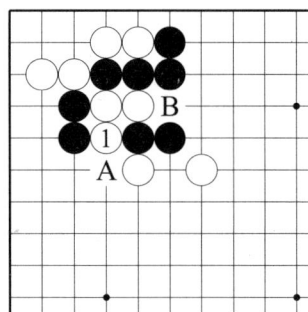

习题106

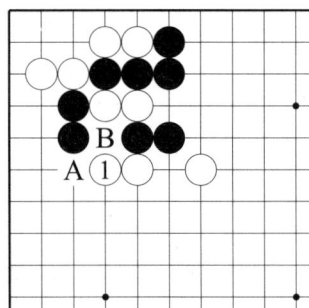

习题107

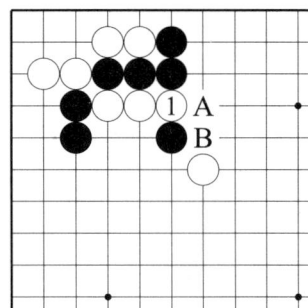

习题108

白1后，黑在A和B中如何选择?

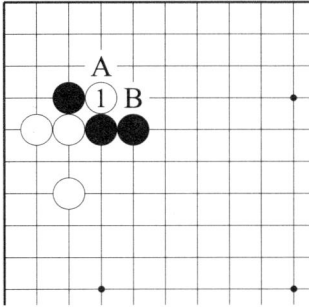

习题109

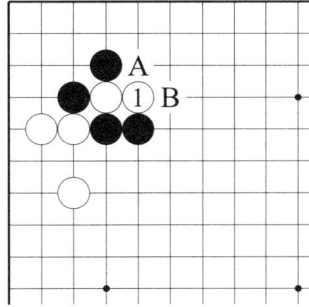

习题110

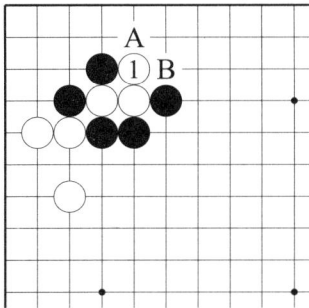

习题111

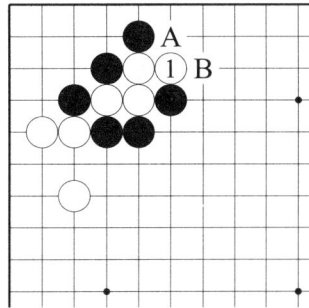

习题112

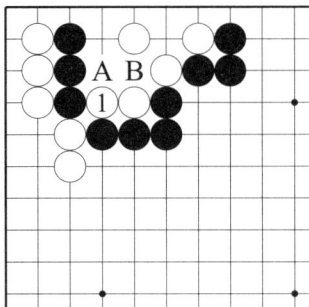

习题113

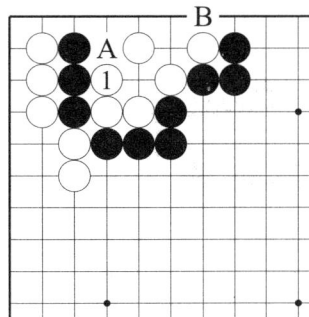

习题114

白1后，黑在A和B中如何选择?

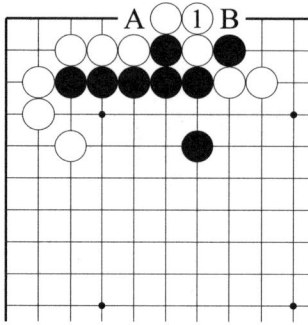

习题115

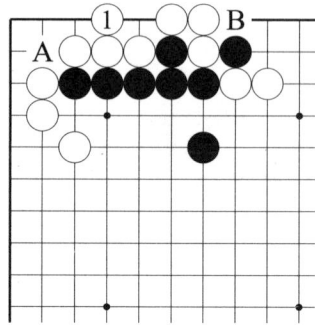

习题116

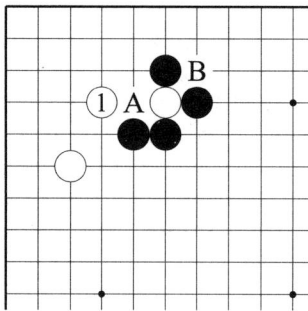

习题117

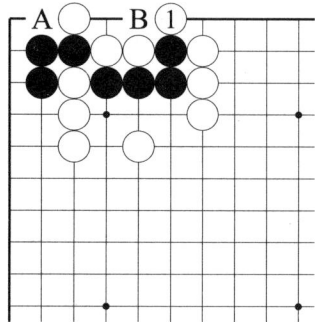

习题118

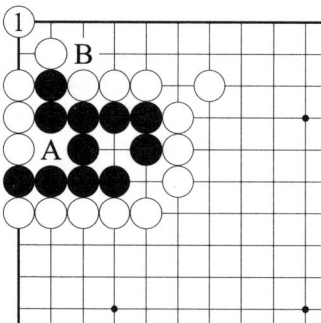

习题119

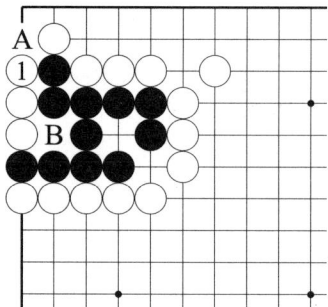

习题120

练习题解答

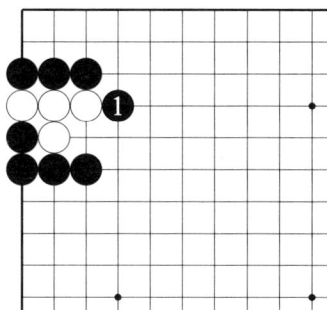

习题1解答

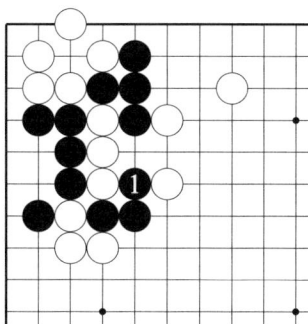

习题2解答

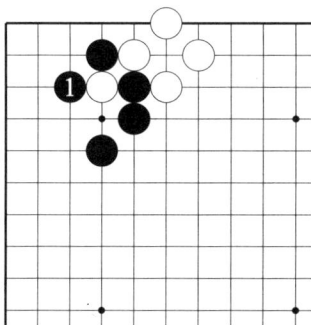

习题3解答

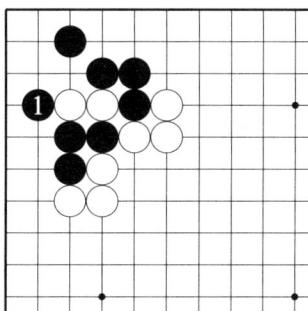

习题4解答

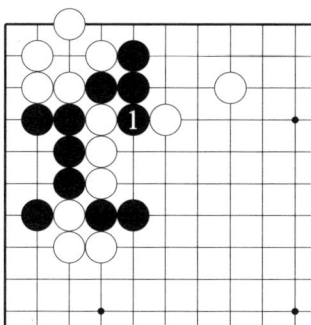

习题5解答

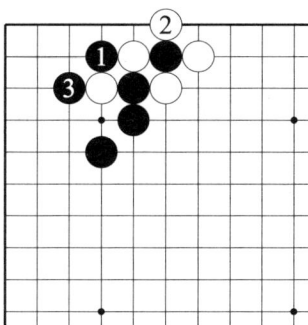

习题6解答

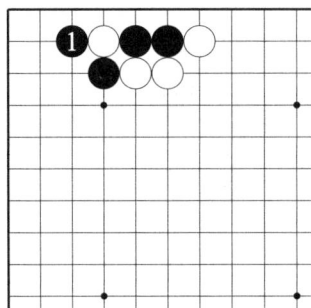

习题7解答

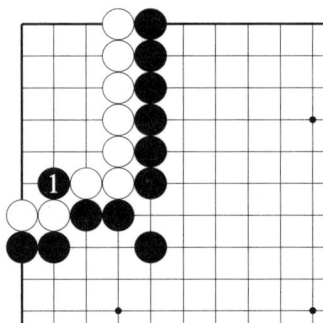

习题8解答

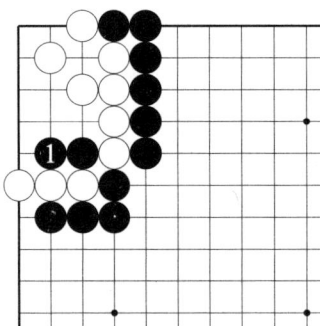

习题9解答

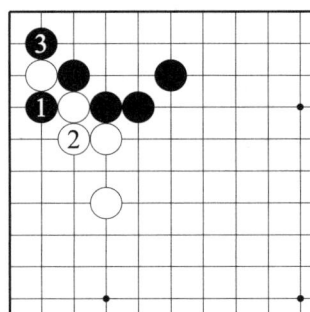

习题10解答

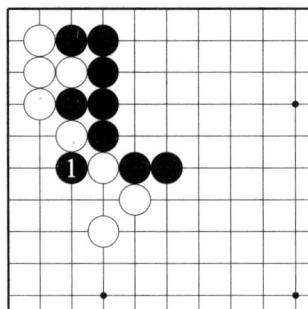

习题11解答

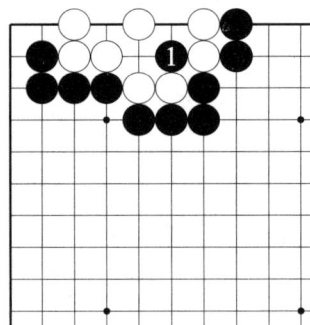

习题12解答

习题13 ～ 习题18解答：B，B，B，B，A，A

习题19 ～ 习题24解答：B，A，B，A，A，B

习题25 ～ 习题30解答：A，A，B，B，B，B

习题31 ～ 习题36解答：A，A，B，A，B，B

习题37 ～ 习题42解答：A，B，B，B，B，B

习题43 ～ 习题48解答：B，B，B，B，B，A

习题49 ～ 习题54解答：B，A，B，A，A，B

习题55 ～ 习题60解答：C，B，B，C，B，B

习题61 ～ 习题66解答：B，C，B，C，C，C

习题67 ～ 习题72解答：C，B，A，B，C，B

习题73 ～ 习题78解答：A，B，A，B，C，B

习题79 ～ 习题84解答：B，A，B，C，B，C

习题85 ～ 习题90解答：B，A，A，B，A，A

习题91 ～ 习题96解答：A，C，C，B，B，A

习题97 ～习题102解答：C，C，B，B，C，C

习题103~习题108解答：A，B，B，A，B，A

习题109~习题114解答：A，B，A，B，B，A

习题115~习题120解答：A，B，A，B，A，A

第 2 章　连接与分断训练

自己的棋子，要尽量把它们都连上，连在一起的棋子不易遭受攻击。有时候，同样的一个点，既是连接的要点，也是分断的要点。

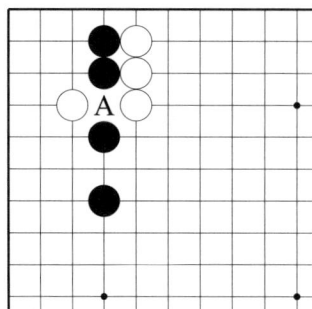

图　1

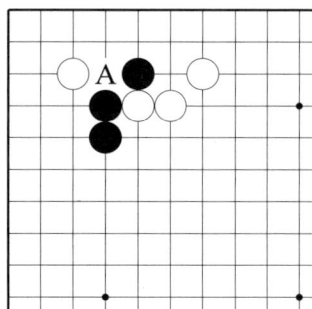

图　2

图1　A位对双方来说都至关重要。

图2　同样，谁占据了A位，谁就控制住了角地。

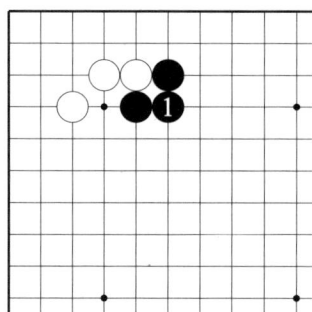

图　3

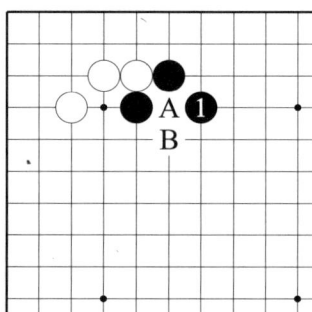

图　4

图3　黑1直接连上，这叫粘，也叫接。粘在联络中是最结实的下法。

图4　除了粘之外，黑1还可以虎，A位是虎口，白子放不进去。虎的补断法虽然不如粘那么结实，比如将来白若B位刺，黑还得A位接，但黑1虎对上边的影响要比粘强一些。

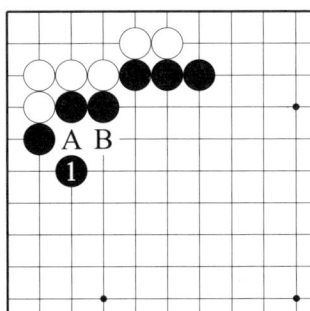

图　5

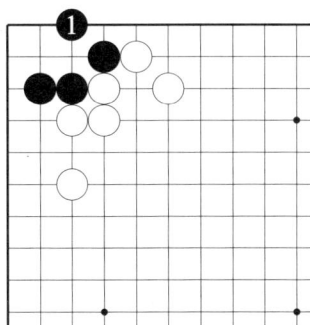

图　6

图5　粘和虎相比，应该说各有所长，有时候用粘合适，有时候用虎合适。如本图，黑1虎比起在A位粘就显得舒展多了。另外，虎还有个方向性问题，黑1下在B位也可称虎，不过这样的虎就太差劲了。

图6　人们习惯于把黑1这样的虎称为倒虎，倒虎经常是需要做眼活棋时的有效方法。

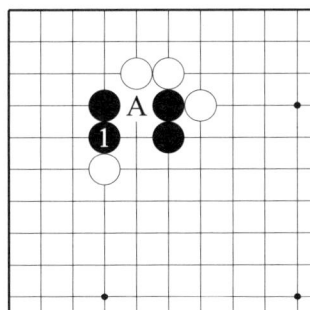

图　7

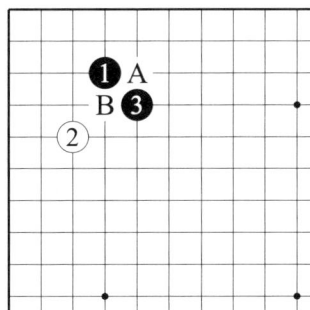

图　8

图7　除了粘和虎之外，双也是常用的联络方法。黑1双，将左、右各两个棋子直接联系在一起，比直接在A位连的棋形要强得多。

图8　小尖在实战中的应用非常广泛，如黑1占小目，白2挂角，黑3就是小尖。小尖也称尖，由尖联系在一起的棋子永远不会被断开，因为A、B两点黑总能占到一处。

35

前面介绍的直接联络我们一下子就看明白了，而下面要说的间接联络有时就不那么明显。在实战中，间接联络比直接联络显得更为重要。

间接联络的一种重要技巧是渡。渡，就像渡河一样，是利用一线和二线的特征而渡过的手段，有时在三线上也能应用。

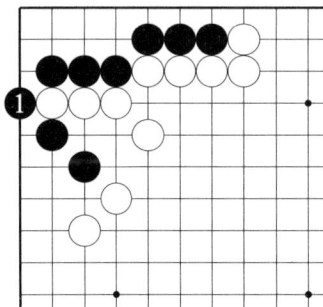

图 9

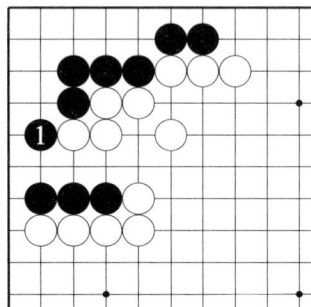

图 10

图9 黑1在一线渡，使下面的黑二子和上面的大部队联络上了。

图10 黑1在二线渡过，上下黑棋的联络很稳固。

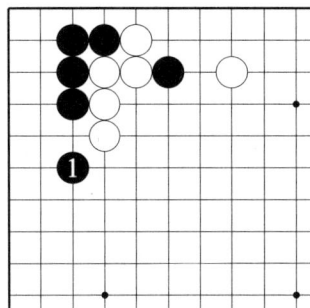

图 11

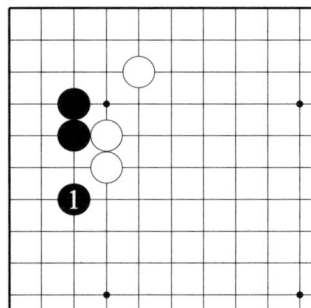

图 12

图11 实战中经常能看到像黑1这样在三线上跳，黑1这个子和上侧的黑子虽没直接连着，却保持着完好的联络。

图12 黑1也是在三线上跳，你不妨摆一摆、试一试，看看白棋有没有办法把上下的黑子分裂开。

在很多时候，间接联络的条件并不是明摆着的，这就需要你了解渡过的各种手法，还需要你善于发现渡过的手段。

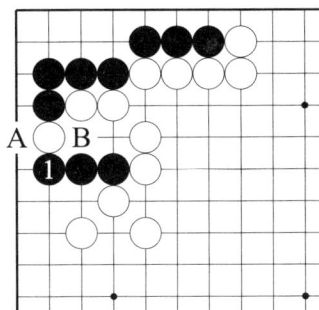

图 13

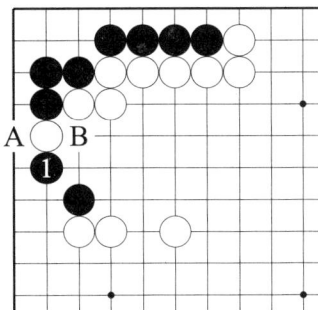

图 14

图13 黑1的手法称夹，黑1后，A、B两点黑必得其一。

图14 黑1以小尖来夹，黑1后，A、B两点黑必得其一。

以上两图黑都是以夹的手法来渡过，可简称夹过。

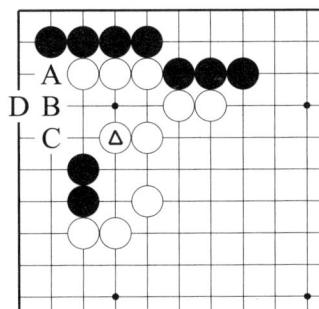

图 15

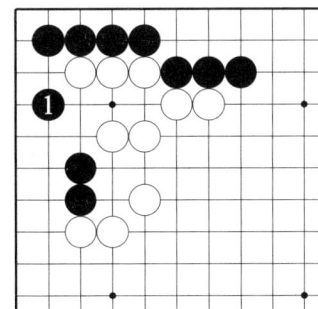

图 16

图15 上下黑子能连为一体吗？首先可以告诉你，你别指望刚刚介绍的夹过。例如，黑A、白B后黑C夹，因为白△一子的存在，当黑C夹时，白可D位立下阻渡，于是黑的渡过企图落空。

图16 此时黑可采用黑1跳的手法来渡过，可以把黑1这手棋称为跳渡或跳过。

接着我们来看看大飞渡过和小飞渡过。

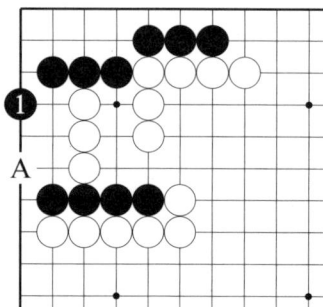

图　17

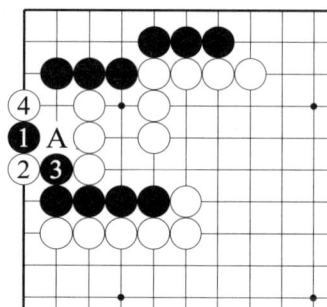

图　18

图17　黑1这手棋，对上面的黑棋来说是小尖，对下面的黑棋来说是大飞，可确保上下联络。黑1下在A位的效果是一样的。

图18　也许有人的第一感觉是本图黑1，白只需2、4两搭，黑棋就被分断了。也许还有人想把黑1下在A位去联络，这仍然不能成立。你只要稍微动动脑筋就会明白。

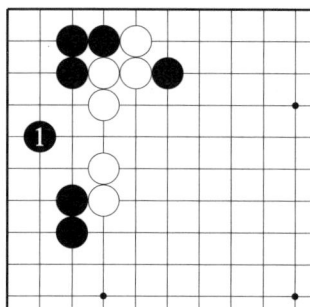

图　19

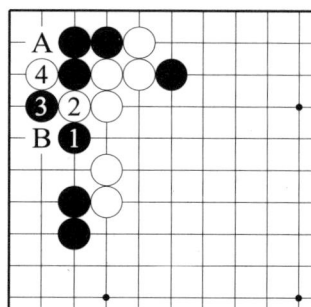

图　20

图19　黑1这手棋，对上下黑棋来说都是小飞，可确保联络。除了黑1这一点之外，其他任何下法都不行。

图20　也许有人的第一感觉是本图黑1，可惜不能成立。白只需2冲、4断，接下来A、B两点黑便无法两全。

自己的棋子应尽量都连上，而对方的棋子在适宜的条件下则应予以分断，分断是为了有效地进行攻击。

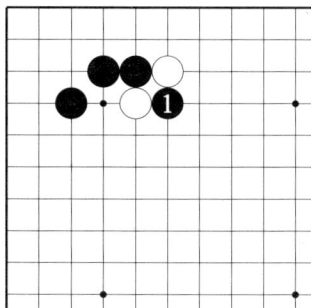

图 21

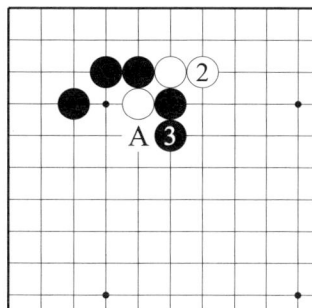

图 22

图21 黑1断严厉，白上下已不能兼顾。

图22 接上图，白2拉回边上一子。黑3并不是在A位打吃，而是如图这样长，准备大吃白一子。

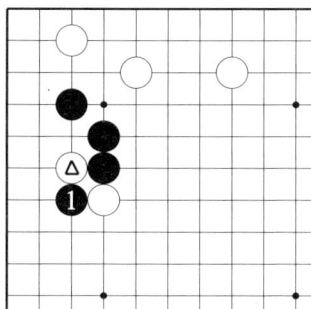

图 23

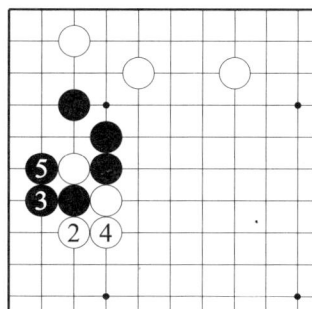

图 24

图23 黑1一断，白△子就算被吃住了。别看吃住的只是一个子，却有关黑棋的根据。

图24 接上图，白2打、4粘是一般的分寸。白2若改在3位打，会损失更大。白4后，黑5必须补，否则被白下5位，黑二子差一气被吃，整块黑棋还不活。

所谓"棋从断处生"，并不见得一断就能吃到多少子，而是说通过断来捕捉和把握战机。甚至有时切断后非但没有吃到对方的子，反而把自己切断的子给送进去了，这种情况称弃子。凡弃子，只要属于没看错，总是希望达到这样或那样的目的。

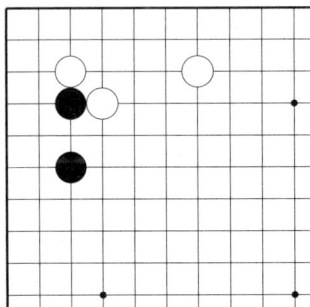

图　25

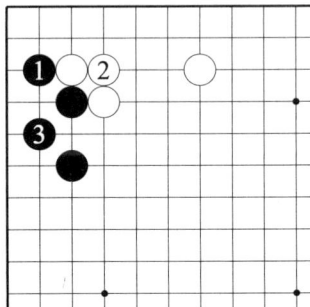

图　26

图25　此时轮黑下，你准备下在哪里？

图26　本图是一种选择，至黑3，局部告一段落。

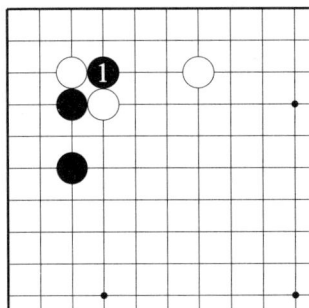

图　27

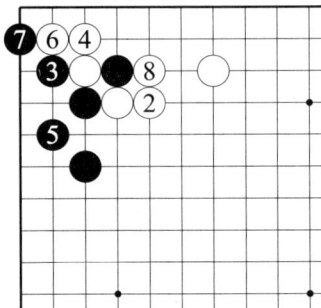

图　28

图27　本图是又一种选择，黑1断上去。

图28　接上图，双方弈至白8，局部告一段落。

同样是局部告一段落，图26是黑落后手，图28是白落后手，原来黑送一子给白吃的目的是局部争先。请记住，下棋时争先手是非常重要的。

练习题

以下各图均为黑先，应如何补断和切断?

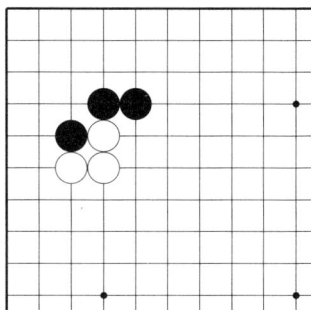

习题1

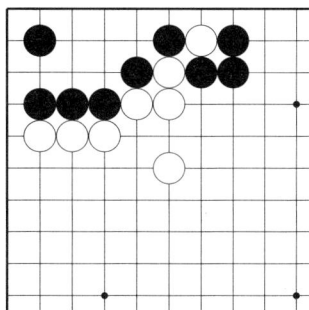

习题2

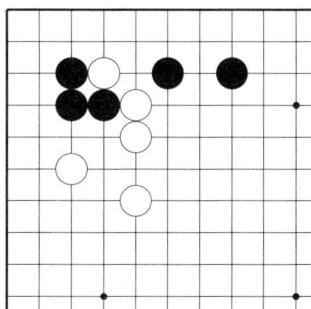

习题3

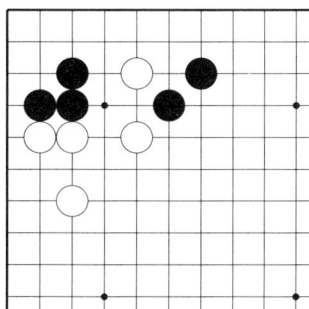

习题4

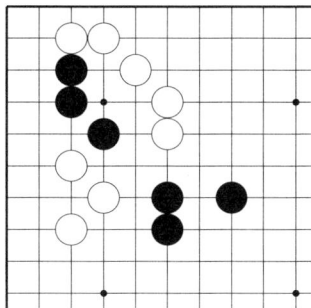

习题5

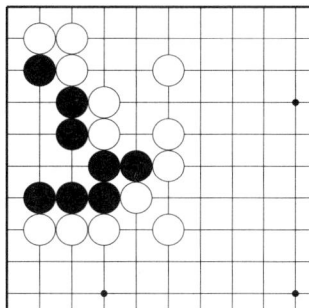

习题6

以下各图均为黑先，请在 A 和 B 中选择正确下法。

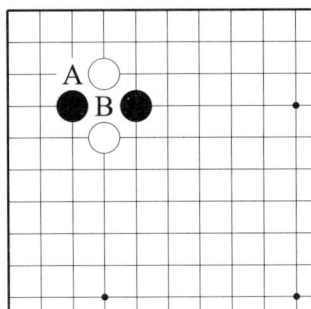

习题7

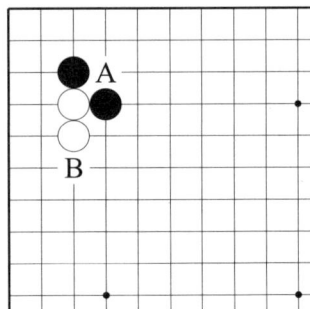

习题8

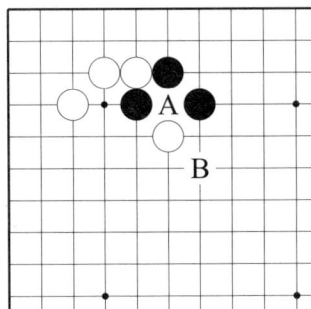

习题9

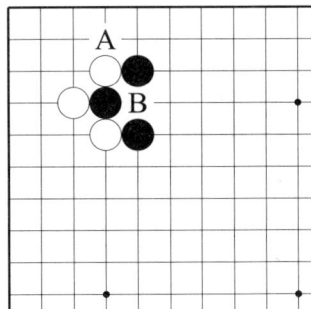

习题10

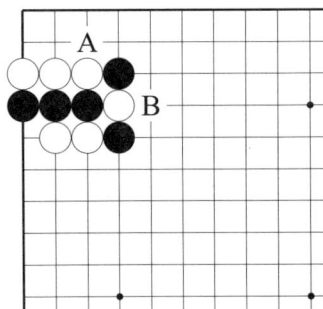

习题11

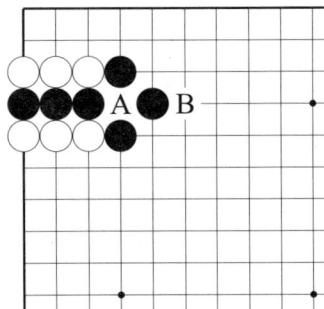

习题12

以下各图均为黑先，请在A和B中选择正确下法。

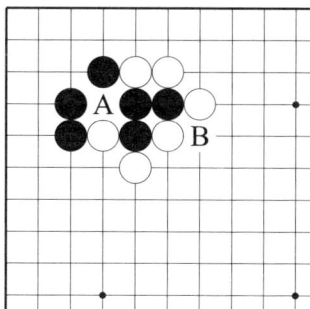

习题13

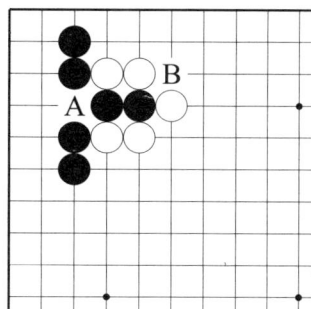

习题14

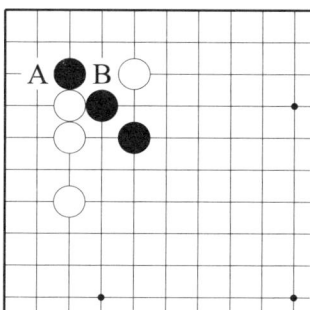

习题15

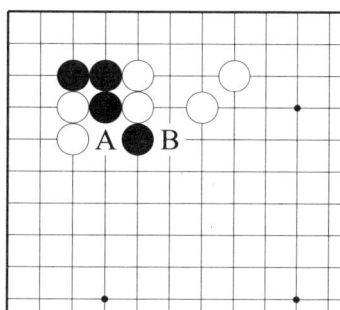

习题16

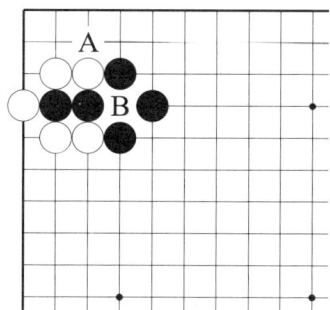

习题17

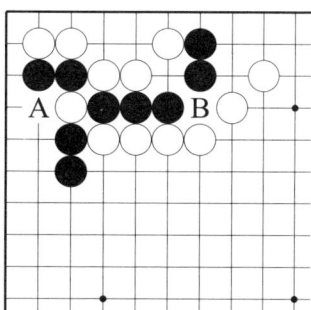

习题18

以下各图均为黑先，请在A～C中选择正确下法。

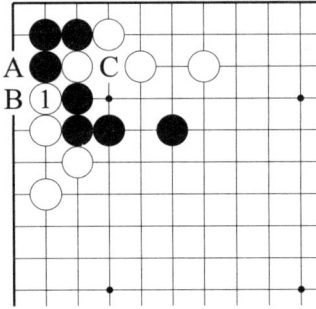

习题19

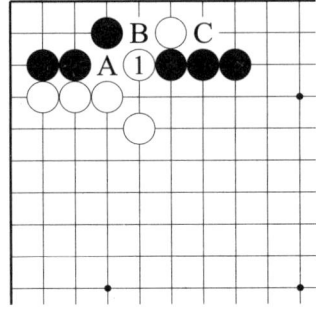

习题20

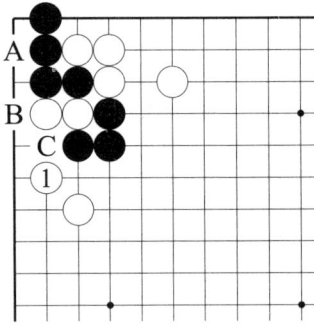

习题21

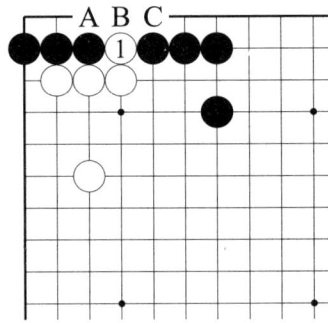

习题22

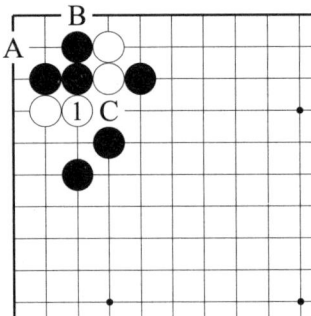

习题23

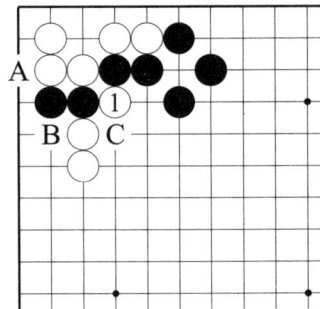

习题24

以下各图均为黑先，请在A～C中选择正确下法。

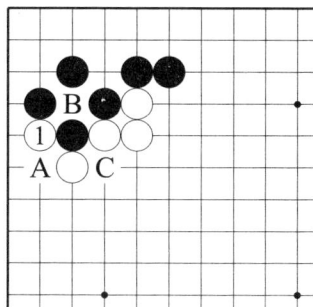

习题25

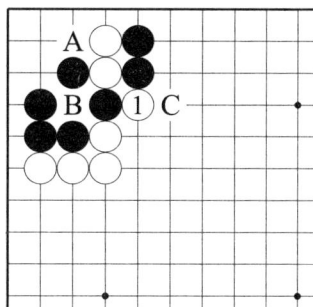

习题26

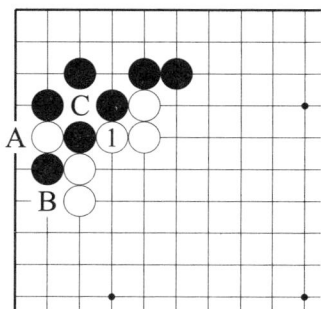

习题27

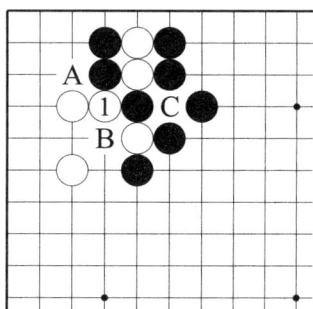

习题28

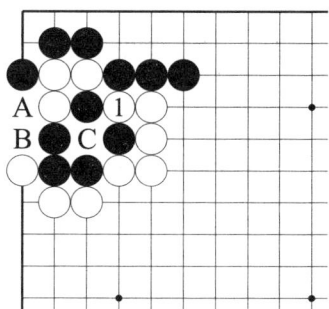

习题29

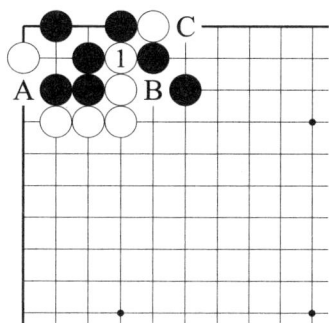

习题30

以下各图均为黑先，请在A～C中选择正确下法。

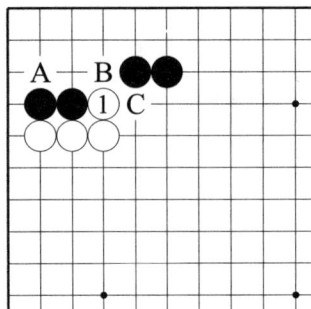

习题31

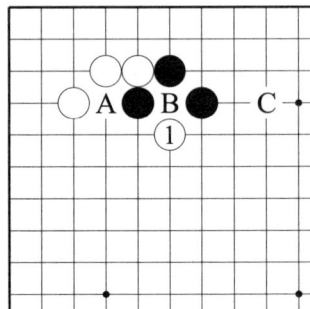

习题32

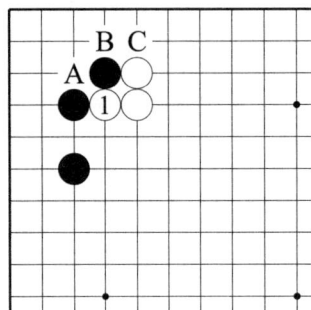

习题33

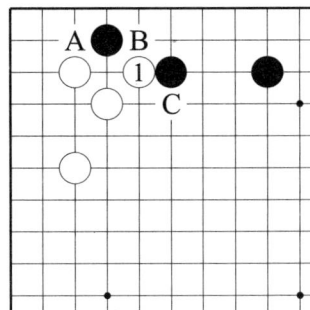

习题34

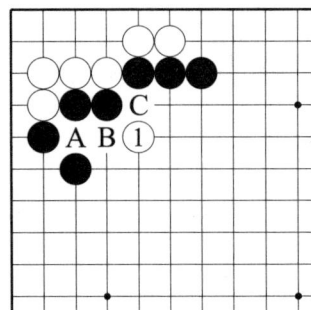

习题35

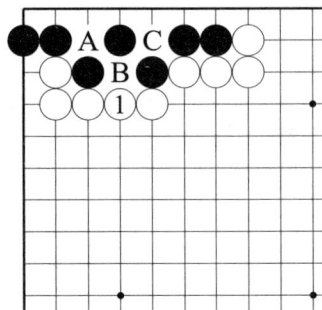

习题36

以下各图均为黑先，请在A～C中选择正确下法。

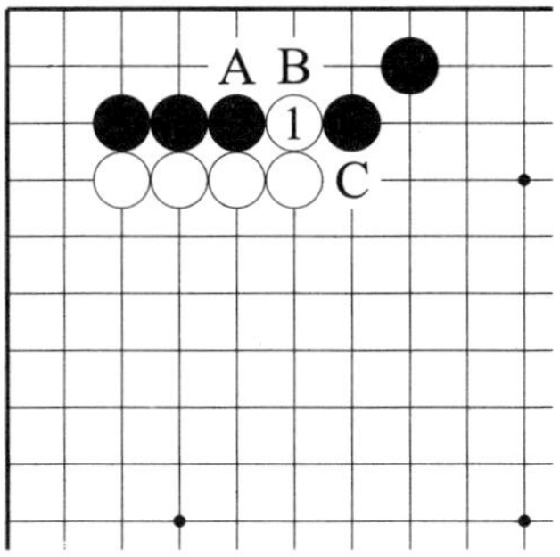

习题37

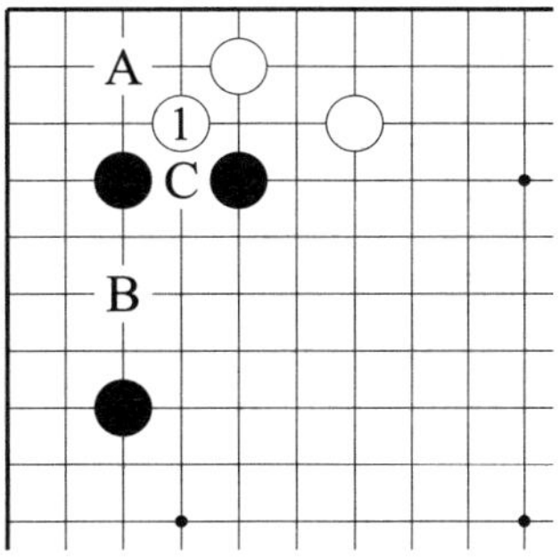

习题38

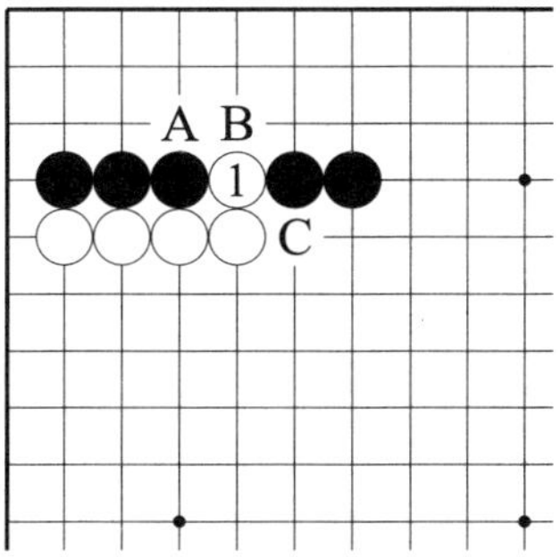

习题39

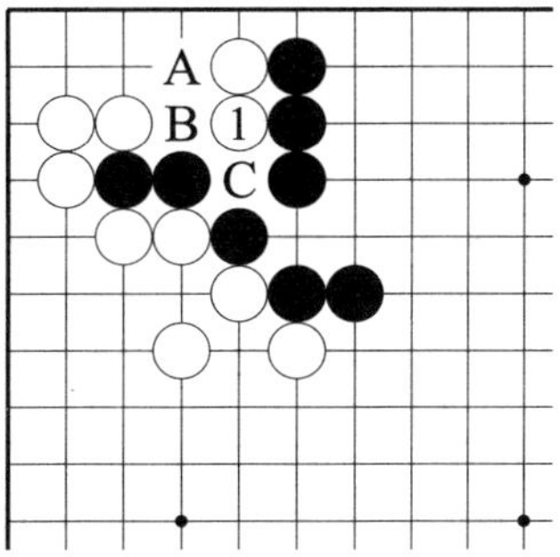

习题40

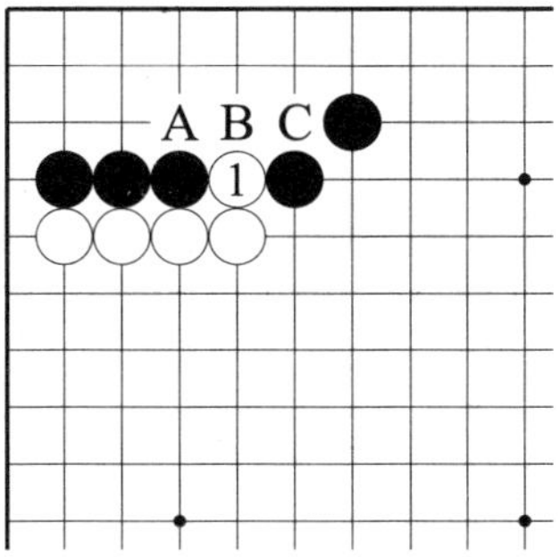

习题41

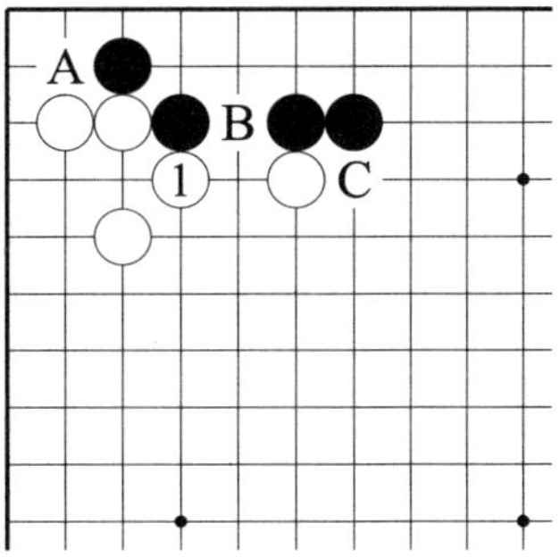

习题42

以下各图均为黑先，请在A～C中选择正确下法。

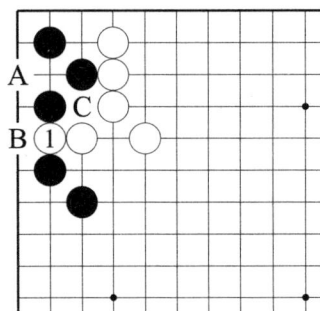

习题43

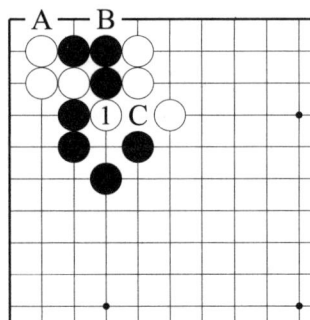

习题44

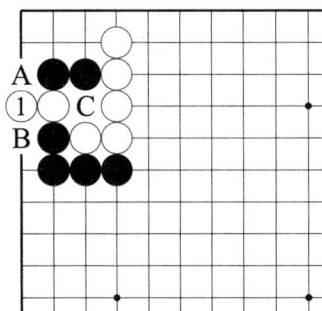

习题45

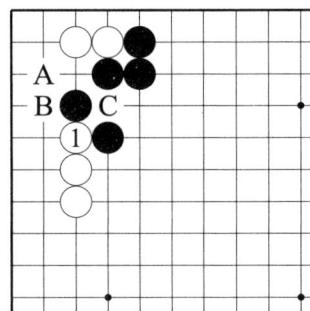

习题46

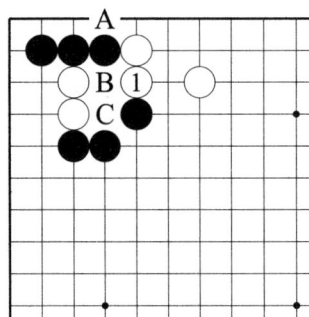

习题47

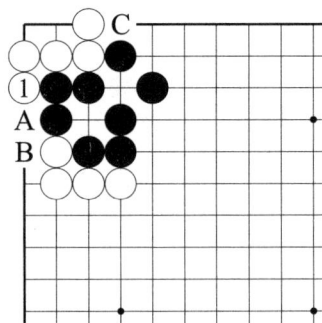

习题48

以下各图均为黑先，请在A和B中选择正确下法。

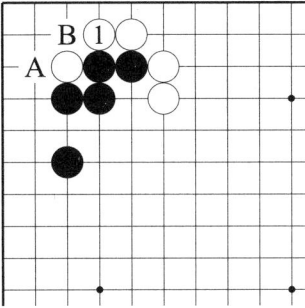

习题49

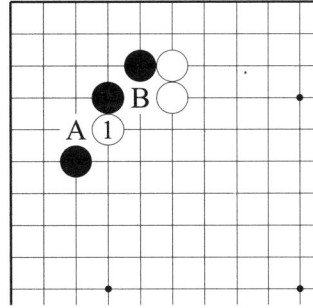

习题50

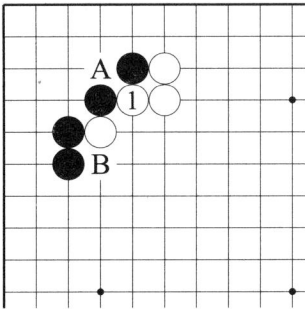

习题51

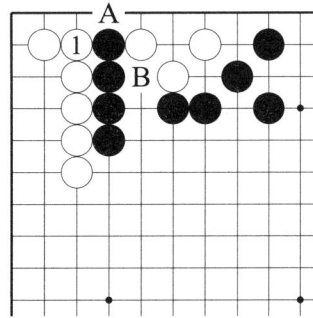

习题52

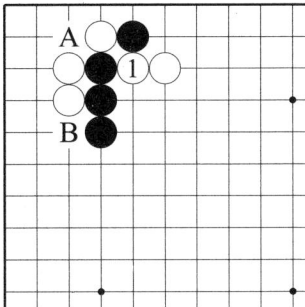

习题53

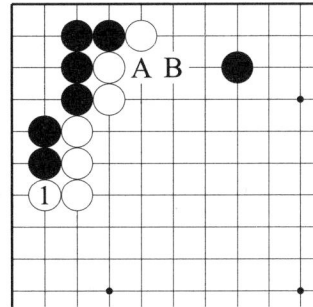

习题54

以下各图均为黑先,请在A和B中选择正确下法。

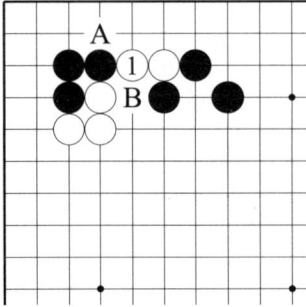

习题55

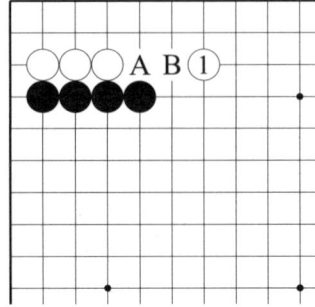

习题56

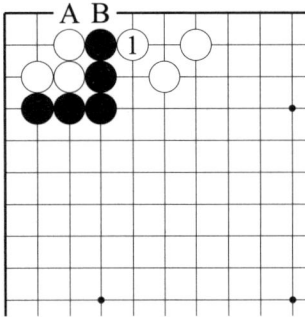

习题57

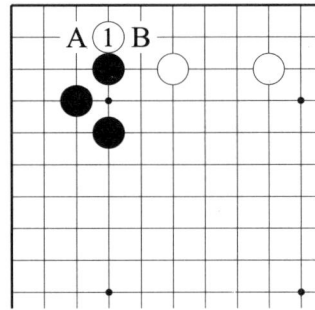

习题58

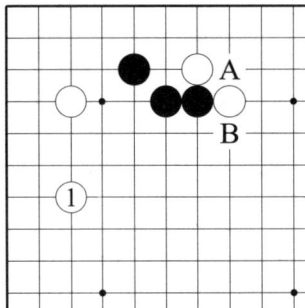

习题59

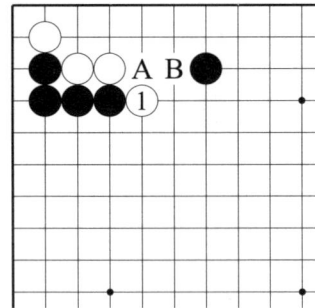

习题60

以下各图均为黑先，请在 A 和 B 中选择正确下法。

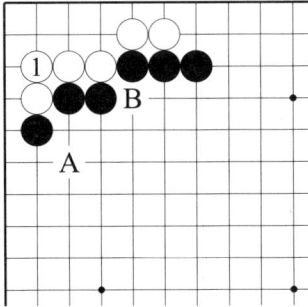

习题 61

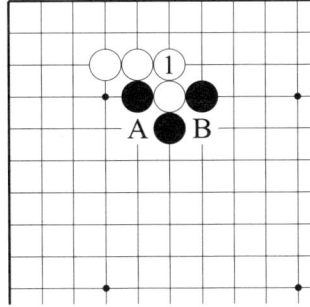

习题 62

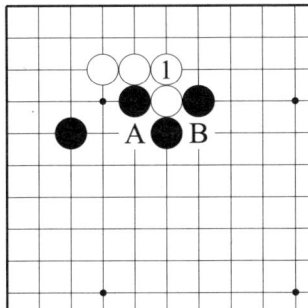

习题 63

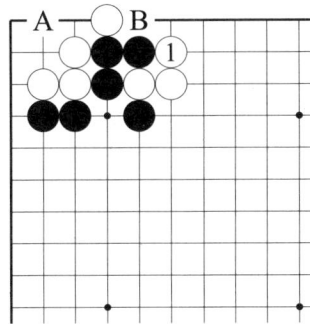

习题 64

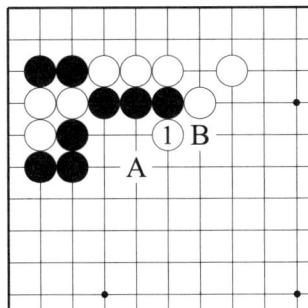

习题 65

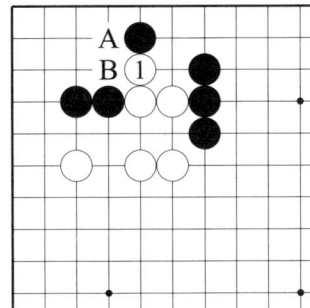

习题 66

以下各图均为黑先，请在A和B中选择正确下法。

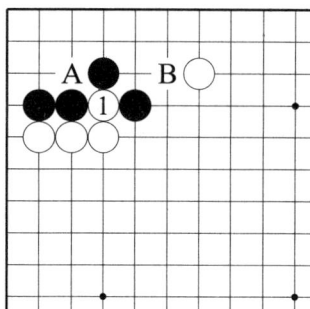

习题67

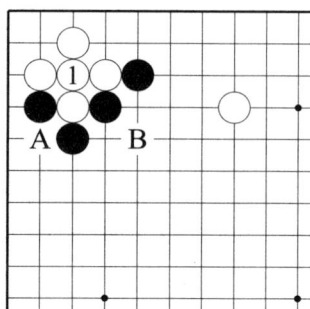

习题68

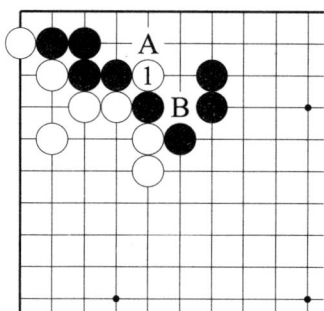

习题69

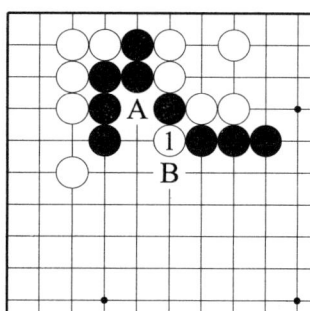

习题70

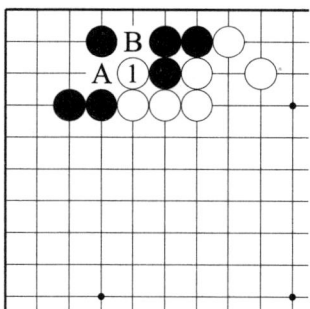

习题71

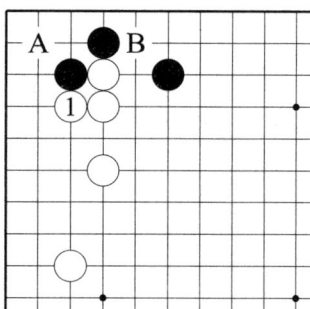

习题72

以下各图均为黑先，请在A和B中选择正确下法。

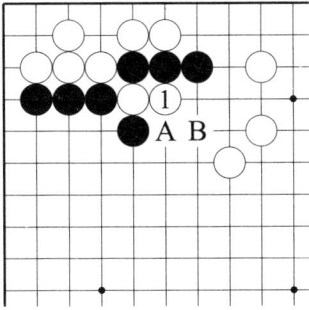

习题73

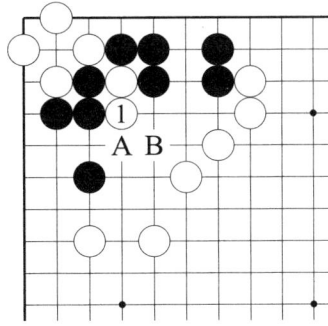

习题74

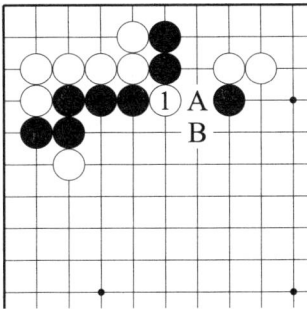

习题75

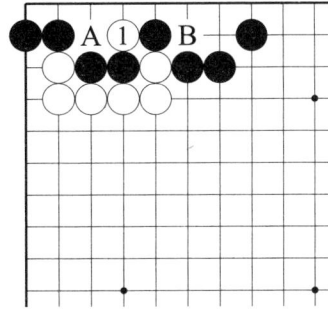

习题76

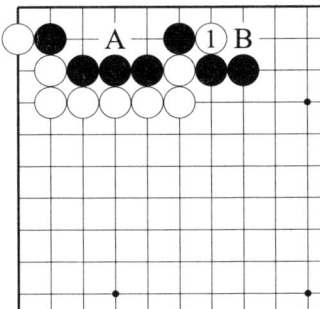

习题77

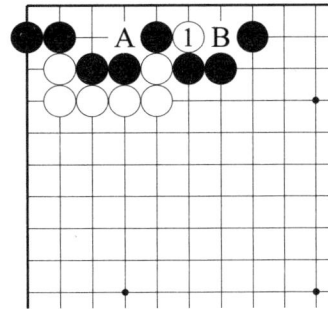

习题78

以下各图均为黑先，请在 A 和 B 中选择正确下法。

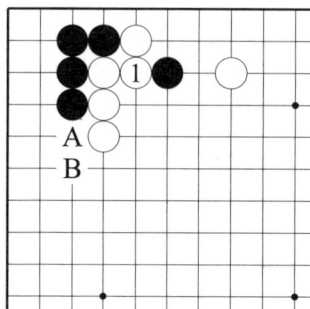

习题79

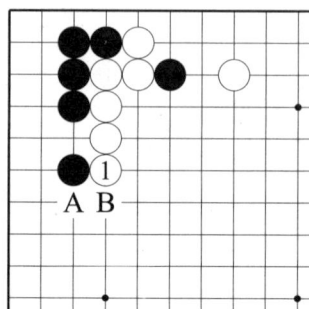

习题80

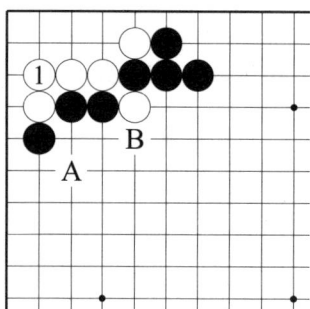

习题81

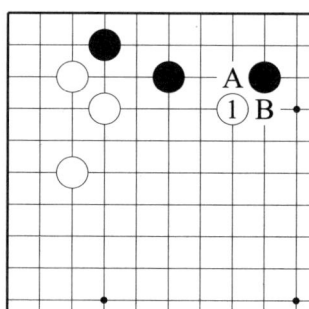

习题82

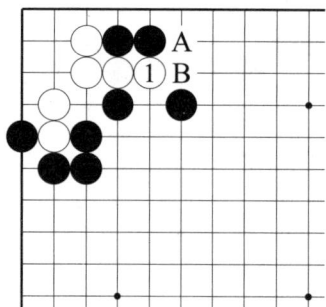

习题83

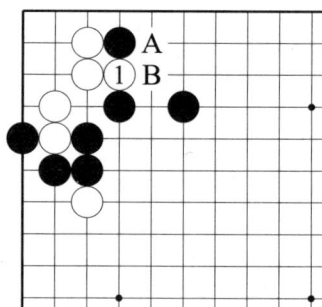

习题84

以下各图均为黑先，请在 A 和 B 中选择正确下法。

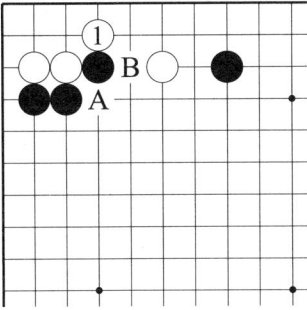

习题 85

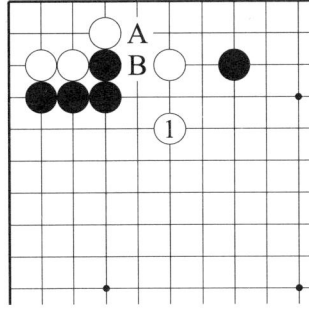

习题 86

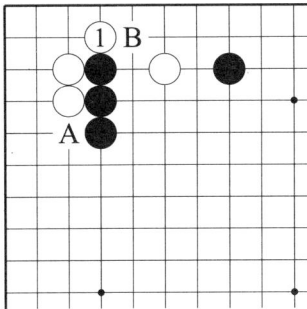

习题 87

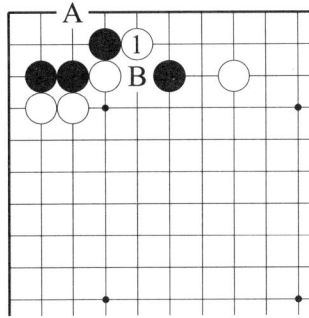

习题 88

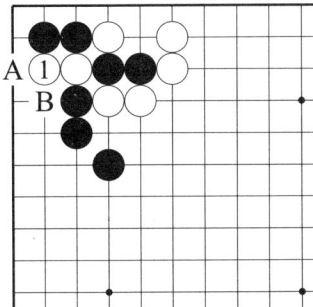

习题 89

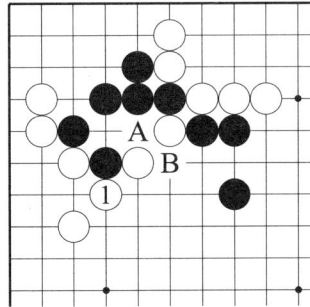

习题 90

以下各图均为黑先，请在A和B中选择正确下法。

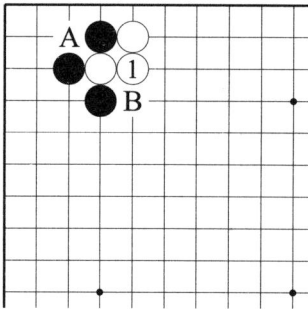

习题91

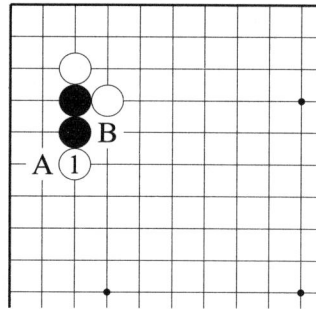

习题92

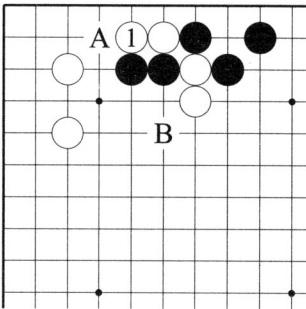

习题93

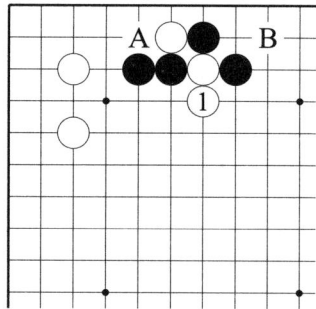

习题94

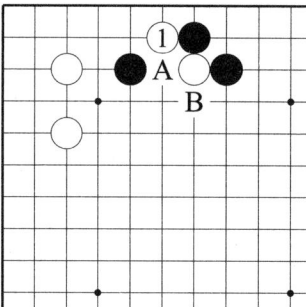

习题95

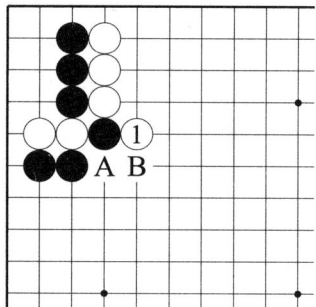

习题96

以下各图均为黑先，请在A和B中选择正确下法。

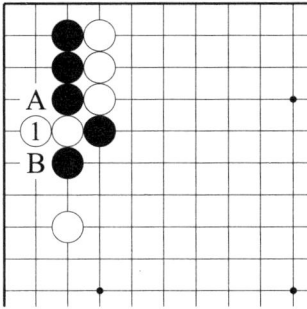

习题97

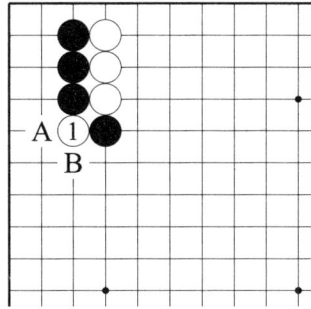

习题98

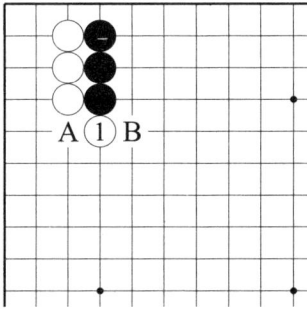

习题99

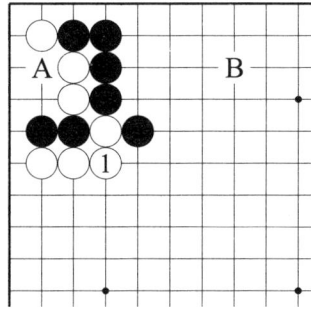

习题100

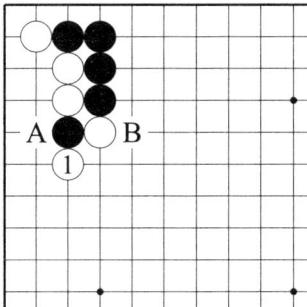

习题101

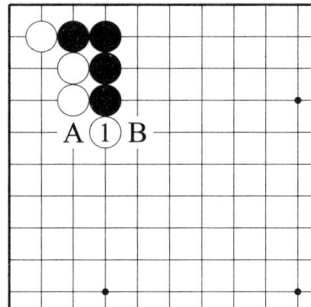

习题102

以下各图均为黑先，请在A和B中选择正确下法。

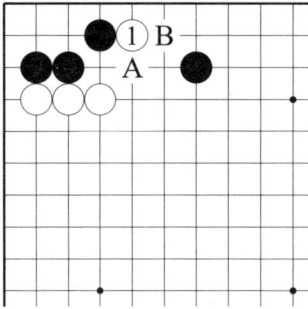

习题103

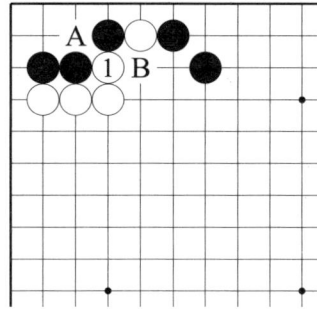

习题104

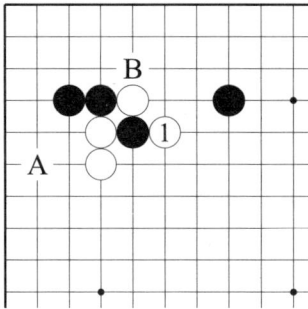

习题105

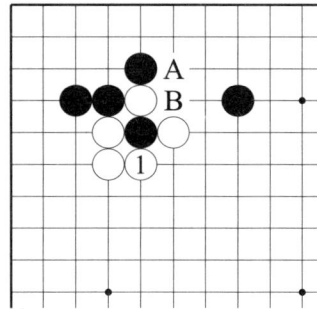

习题106

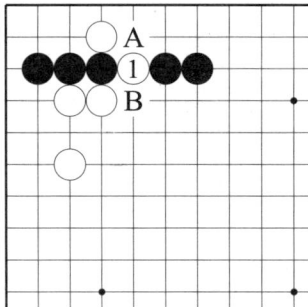

习题107

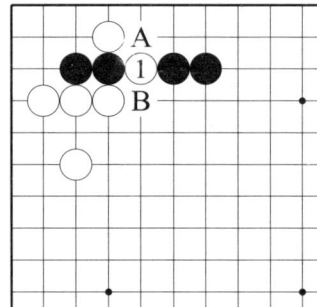

习题108

以下各图均为黑先，请在 A 和 B 中选择正确下法。

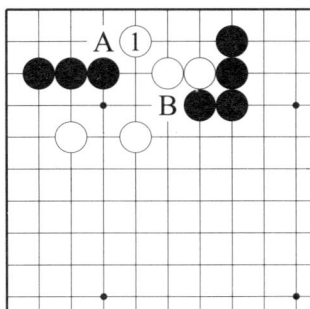

习题 109

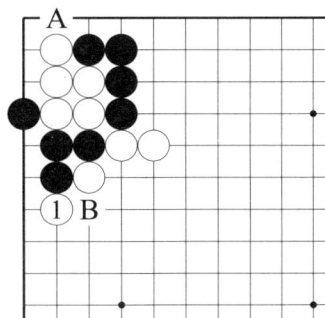

习题 110

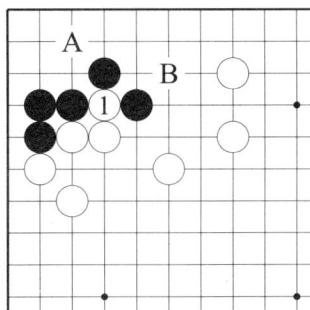

习题 111

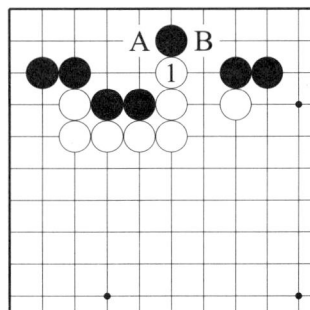

习题 112

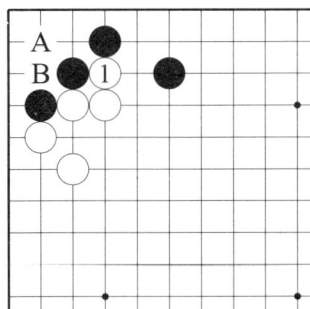

习题 113

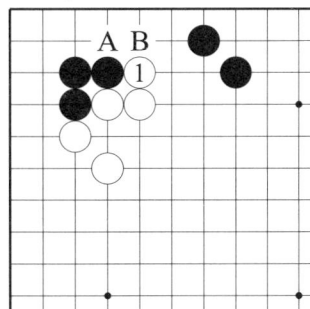

习题 114

以下各图均为黑先，请在A和B中选择正确下法。

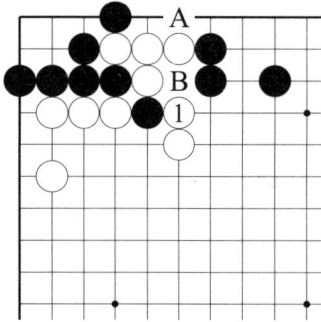

习题115

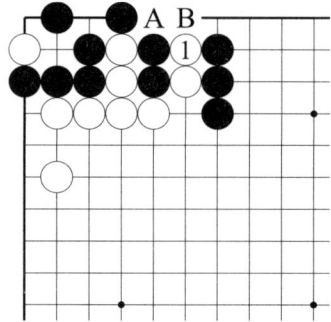

习题116

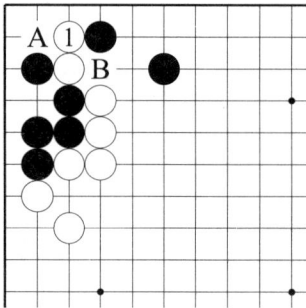

习题117

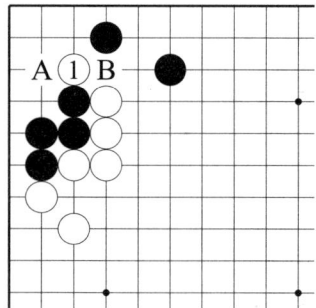

习题118

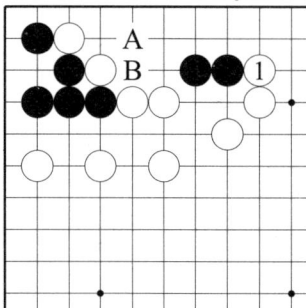

习题119

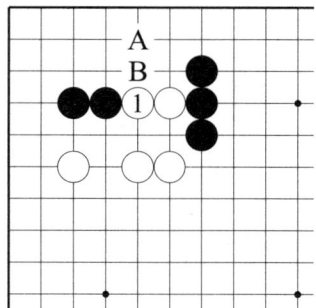

习题120

练习题解答

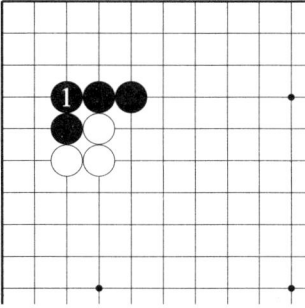

习题1解答

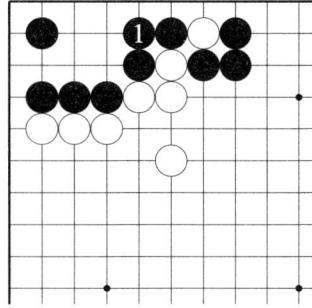

习题2解答

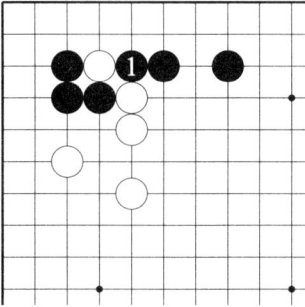

习题3解答

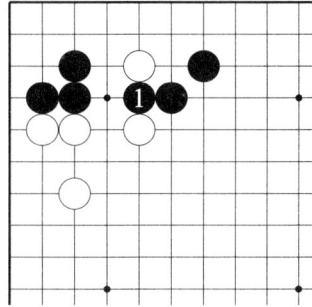

习题4解答

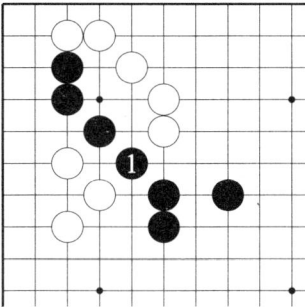

习题5解答

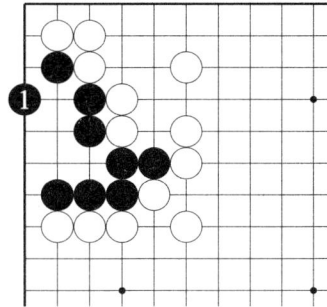

习题6解答

习题7 ～ 习题12解答：B，A，A，B，B，A

习题13 ～ 习题18解答：A，A，B，A，B，A

习题19 ～ 习题24解答：C，B，C，B，C，C

习题25 ～ 习题30解答：B，B，A，B，A，C

习题31 ～ 习题36解答：B，B，A，B，C，B

习题37 ～ 习题42解答：B，C，B，C，B，B

习题43 ～ 习题48解答：B，C，C，B，B，A

习题49 ～ 习题54解答：B，A，A，A，A，A

习题55 ～ 习题60解答：B，A，B，B，A，A

习题61 ～ 习题66解答：A，B，B，B，A，A

习题67 ～ 习题72解答：B，B，A，B，B，A

习题73 ～ 习题78解答：B，B，B，A，A，A

习题79 ～ 习题84解答：B，A，A，A，B，A

习题85 ～ 习题90解答：A，A，B，B，A，B

习题91 ～ 习题96解答：A，B，A，B，A，A

习题97 ～习题102解答：B，B，B，A，A，A

习题103~习题108解答：B，A，B，A，B，A

习题109~习题114解答：B，B，B，A，A，B

习题115~习题120解答：A，B，B，A，A，A

第3章 死活训练

下围棋，离不开眼的概念。一圈棋子围住一个交叉点，这个点就是一只眼。要注意，围成眼的一圈棋子是一个整体，对手是无法将这一整体分裂开的。

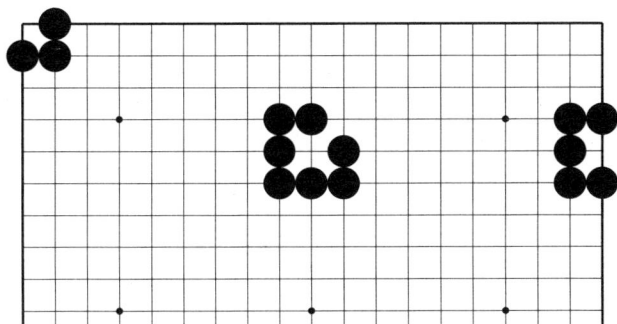

图 1

图1 左边，黑棋在盘角做出一只眼；中间，黑棋在中腹做出一只眼；右边，黑棋在边线做出一只眼。

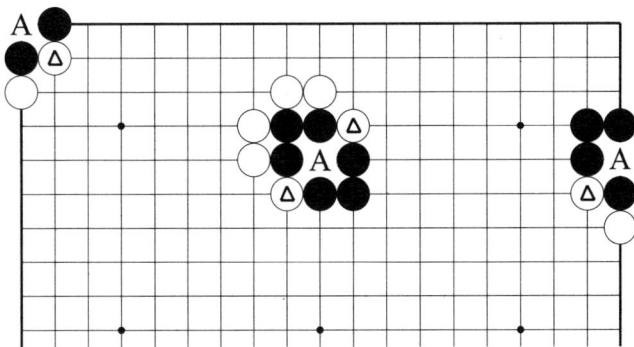

图 2

图2 左边，白下A位可提黑一子；中间，白下A位可提黑三子；右边，白下A位可提黑一子。在这里，白棋为什么将围成"眼"的黑子分裂开了呢？因为，这里黑棋所谓的一圈子并不是一个整体，围成的只是一只卡眼，分别被白△子卡住了。

眼有真假之分，图1的眼是真眼，图2的"眼"是假眼。假眼又叫卡眼，不能算眼。区分真眼还是假眼的唯一标准，就是看围成眼的一圈棋子是不是一个整体。

一块棋，即使做出了一只眼，还不能成为活棋。

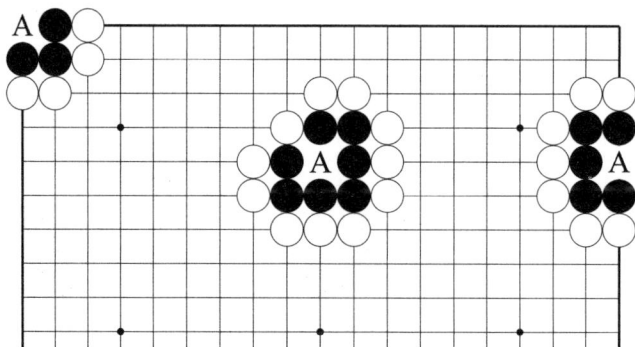

图　3

图3　三块黑棋各自做出了一只眼，但现在白棋都可以在A位放子，因为现在A位不是禁入点，成了白棋提黑子。

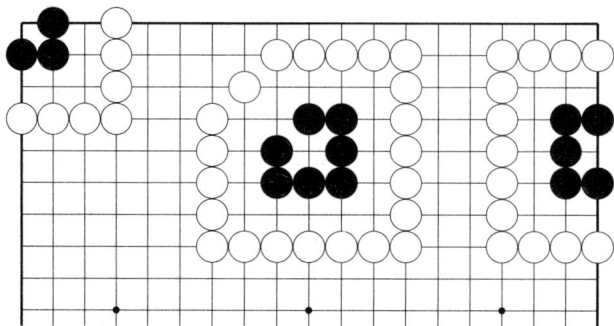

图　4

图4　是否本图黑棋就能不被吃呢？绝不是。本图和上图相比，不过是黑棋的外围多了一些气。黑棋已被围了个结实，又没有再做出另一只眼的余地，这些黑棋都是死棋，只是还没被提出盘外。

一块棋，如果具备了两只眼，在任何情况下都是活棋。了解什么样的棋是活棋、什么样的棋是死棋，是至关重要的。

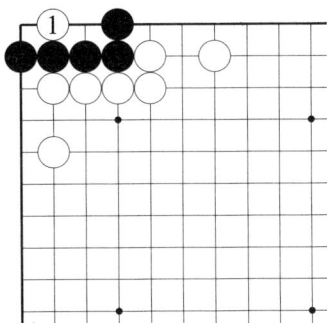

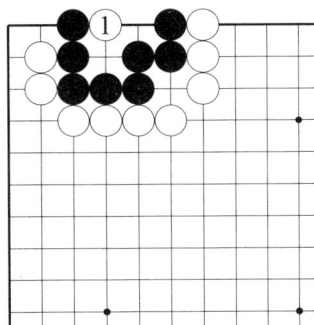

图 5

图 6

图5 黑棋围起直线形三个交叉点，这种形状叫直三。白1在直三中央点眼，这块黑棋活不了。所以，直三是死棋。

图6 黑棋围起的三个交叉点是弯曲的，这种形状叫曲三，也叫弯三。白1在曲三中间点眼，黑棋就只有一只眼。所以，曲三也是死棋。

我们说直三和曲三是死棋，是指保留着直三和曲三的原貌不动。这是一个很重要的概念。下面说到的所有死活图形，都建立在这一概念基础上。

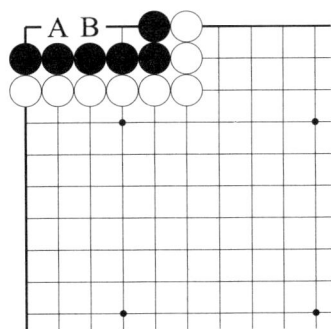

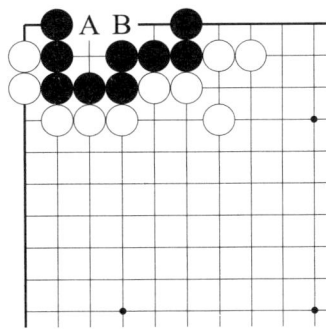

图 7

图 8

图7 黑棋围起直线形四个交叉点，这种形状叫直四。只要A、B两点不被白都占去，黑总是可以做出两只眼。所以，直四是活棋。

图8 黑棋围起的四个交叉点是弯曲的，这种形状叫曲四，也叫弯四。同直四一样，曲四中的A、B两点要占也是一人一个，白不可能都占去。所以，曲四也是活棋。

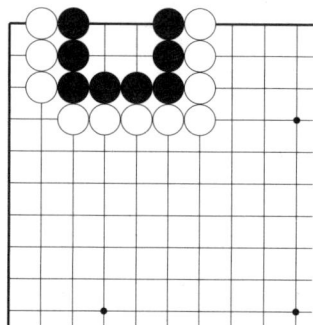

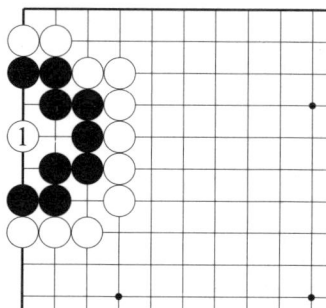

图 9 　　　　　　　　　　　　　　　　　　图 10

图9 黑棋围起的四个交叉点是个小方块，这种形状叫方四，也有人叫它板四。方四是典型的死棋，不用白棋点眼它也活不了。

图10 黑棋围起的四个交叉点像个"丁"字，又像是顶笠帽，这种形状叫丁四，也叫笠帽四。白1在丁字"路口"点眼，这块黑棋便无法活。所以，丁四是死棋。

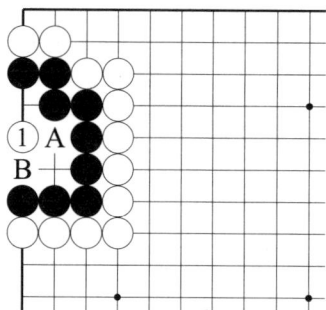

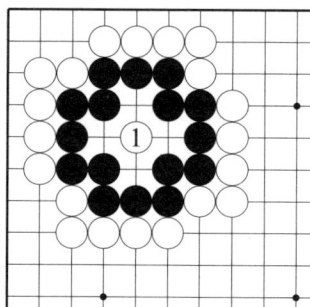

图 11 　　　　　　　　　　　　　　　　　图 12

图11 黑棋围起的五个交叉点像是一把刀，这种形状叫刀五，也叫刀把五。白1在刀把接口处点眼，接下来黑若走A位则白走B位，黑若走B位则白走A位，黑怎么也做不出两只眼。所以，刀五是死棋。

图12 黑棋围起的五个交叉点像是一朵梅花，这种形状叫花五，也叫梅花五或花聚五。白1在花心点眼，黑已无做出两只眼的可能。所以，花五是死棋。

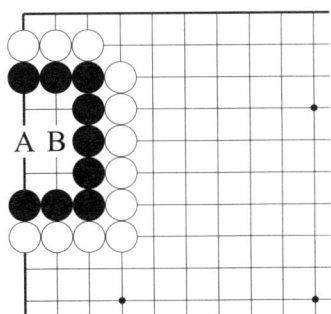

图 13

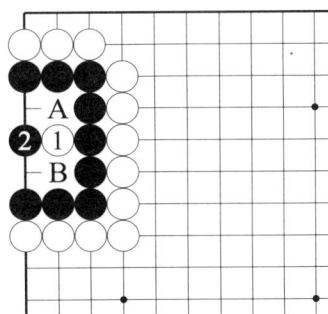

图 14

图13　黑棋围起的六个交叉点像是一块木板，这种形状叫板六。A、B两点只要不被白都占去，黑棋就死不了。所以，板六是活棋。

图14　白1占据一个要点，黑2就占据另一个，接下来白A则黑B，白B则黑A，黑两只眼稳做。

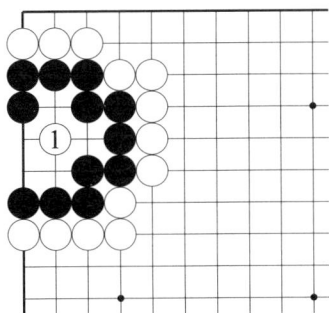

图 15

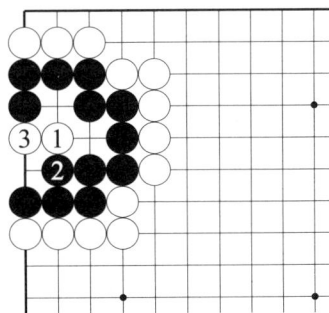

图 16

图15　黑棋围起的六个交叉点像是一串葡萄，这种形状叫葡萄六。白1在中心位置点眼后，黑竟做不出两只眼来。所以，葡萄六是死棋。

图16　黑2若接着白1走，则白3继续去眼，黑无应手。黑2若改下3位，自然白3占2位，黑仍只能等死。

有必要说明，板六还有曲四是活棋不假，但围成板六和曲四的棋子必须连为一体，之中不能有断头。

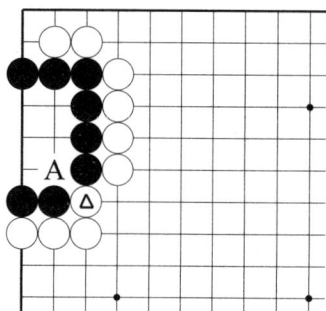

图 17

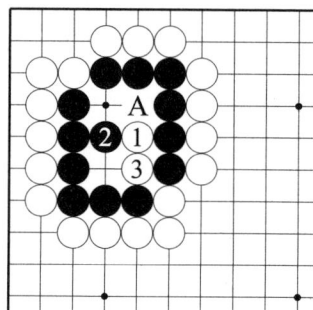

图 18

图17　黑棋的这个所谓板六就不用提了，白△子卡断得太明显，白A位一打，黑二子被吃了，自然无板六可言。

图18　白1点眼，黑2应，白3后，黑A位已不能放入，黑死。本图黑棋是断头板六，断头板六不是真正的板六。

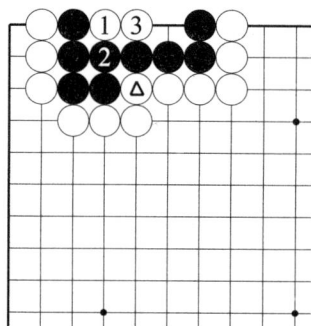

图 19

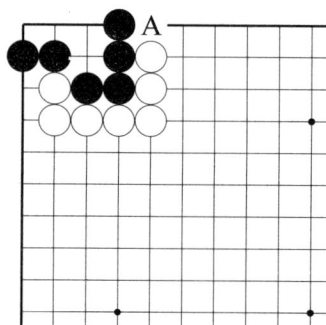

图 20

图19　曲四也一样有断头曲四。如本图白1打吃，或白1直接放3位，黑棋都要被吃。白△子若改为黑子，黑棋就没有断头了。

图20　黑角就是一个断头曲四，因为外围A位还松着一口气，所以黑角死不了。一旦白A位闭气，黑必须补活，黑角也就称不上曲四了。

直三、曲三、直四、曲四、方四、丁四、刀五、花五、板六、葡萄六，这些基本死活图形，说明了一个围棋死活的基本道理，那就是：两眼做活需要围起一定数量的交叉点为保证，而所需交叉点数的多少又因其形而不同。

练习题

以下各图均为黑先，怎样做活和杀棋？

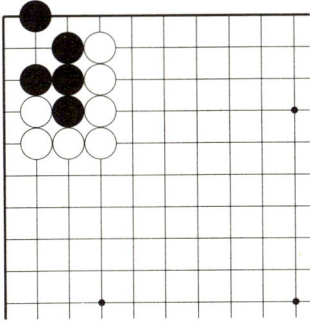

习题1

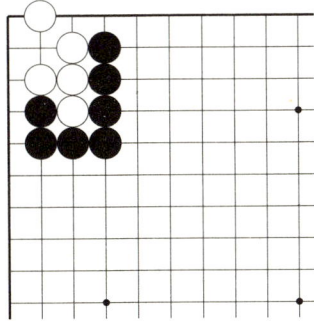

习题2

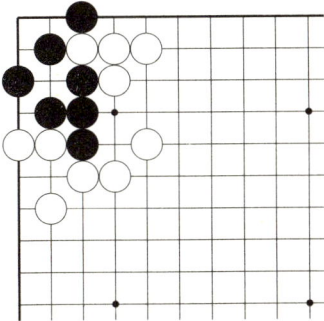

习题3

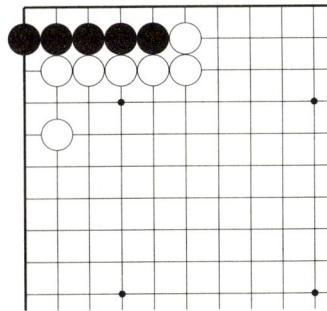

习题4

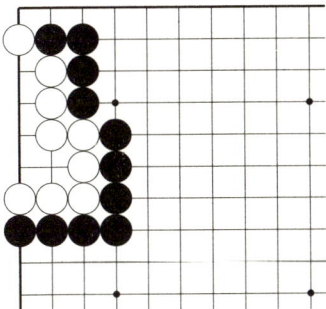

习题5

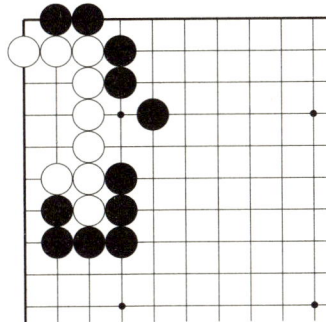

习题6

以下各图均为黑先，请在A和B中选择正确下法。

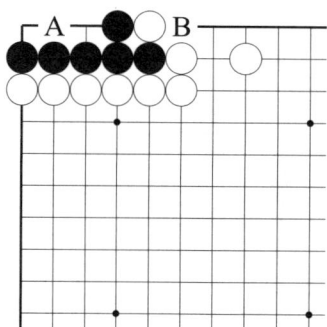

习题7

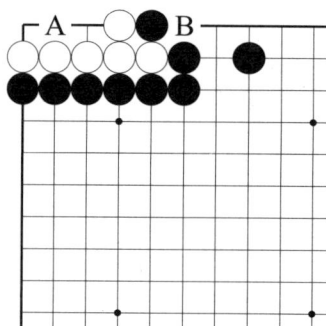

习题8

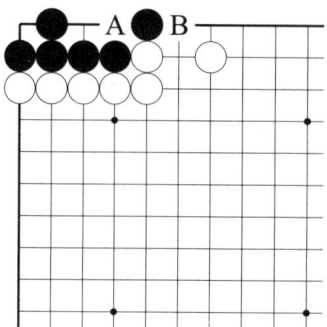

习题9

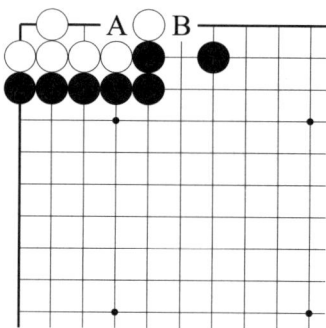

习题10

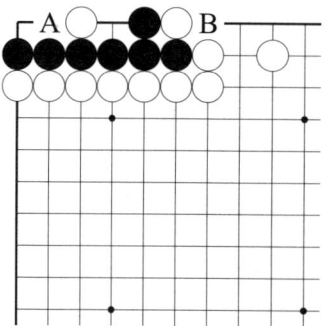

习题11

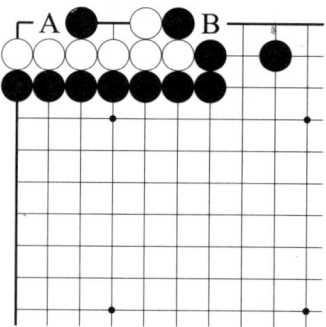

习题12

以下各图均为黑先，请在 A 和 B 中选择正确下法。

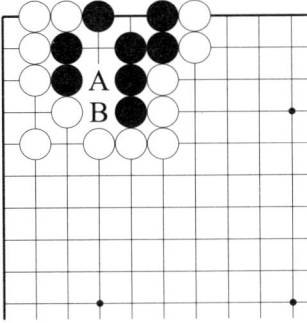

习题13

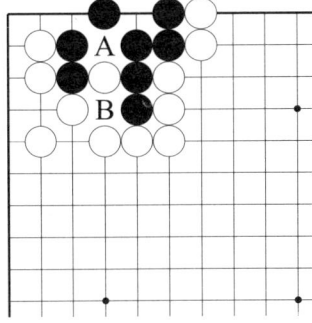

习题14

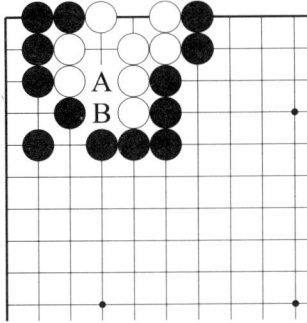

习题15

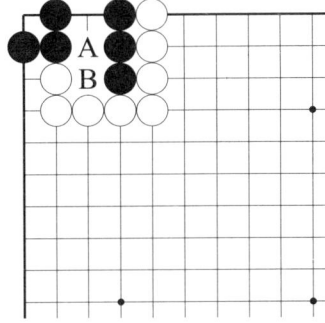

习题16

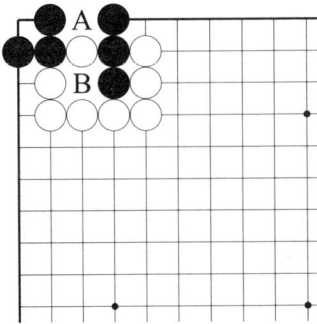

习题17

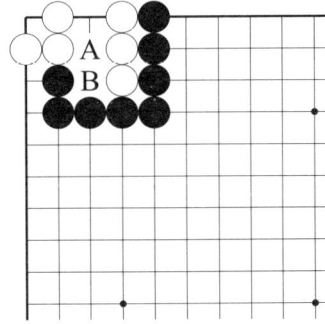

习题18

以下各图均为黑先，请在 A 和 B 中选择正确下法。

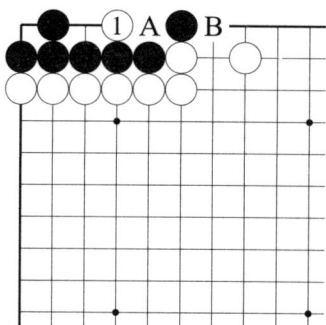

习题19

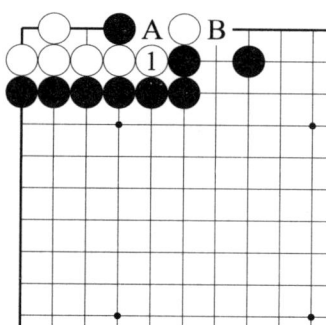

习题20

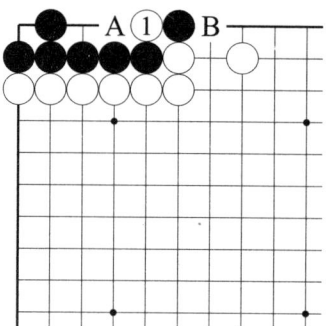

习题21

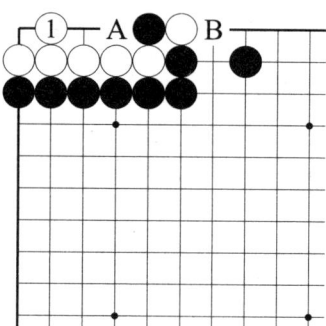

习题22

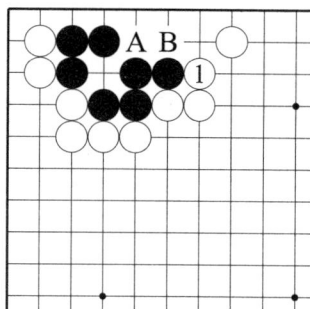

习题23

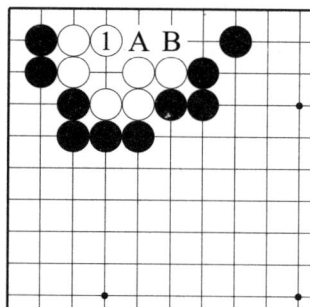

习题24

以下各图均为黑先，请在A和B中选择正确下法。

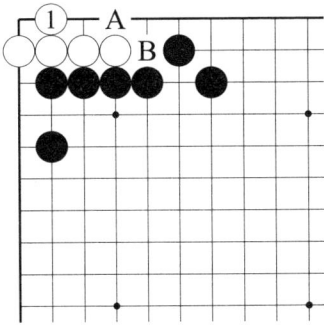

习题25

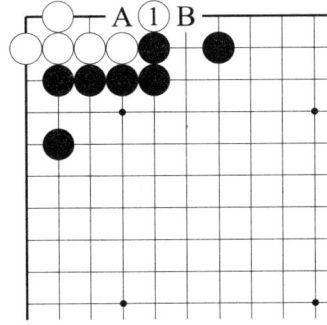

习题26

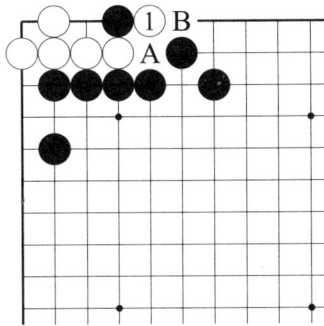

习题27

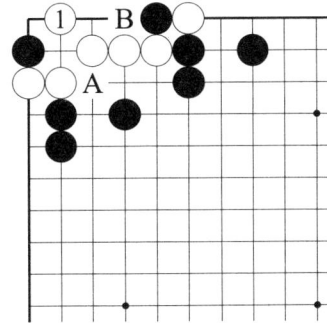

习题28

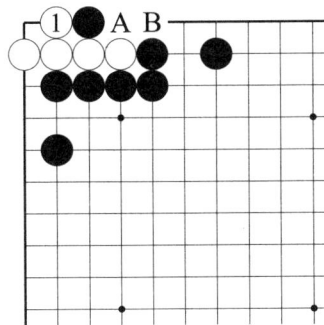

习题29

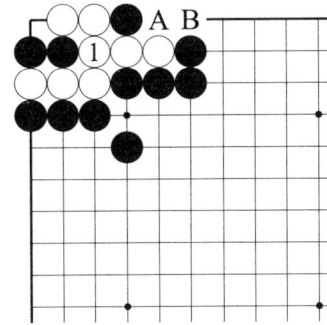

习题30

以下各图均为黑先，请在 A 和 B 中选择正确下法。

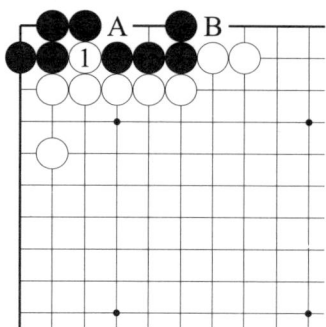

习题 31

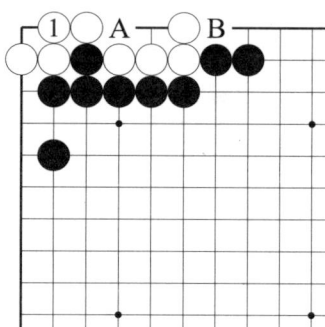

习题 32

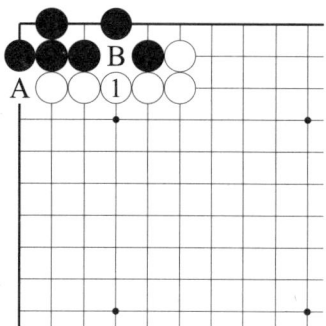

习题 33

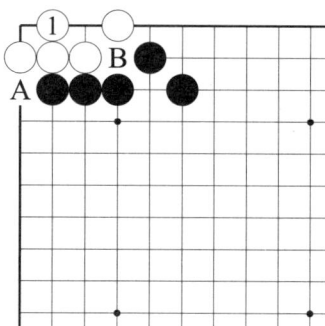

习题 34

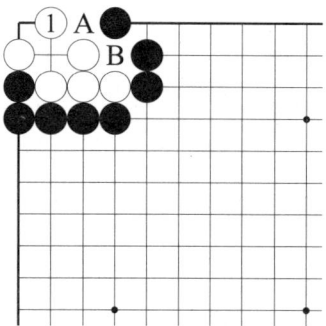

习题 35

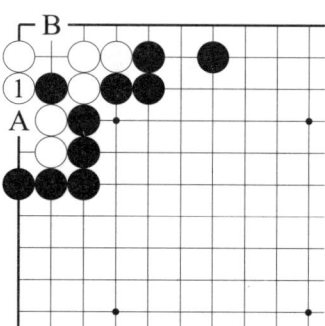

习题 36

以下各图均为黑先，请在A和B中选择正确下法。

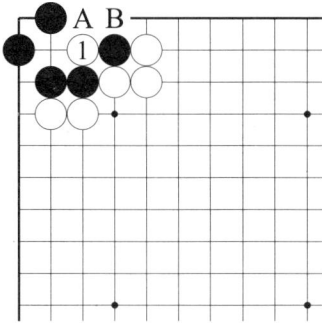

习题37

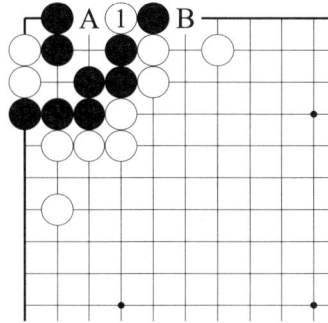

习题38

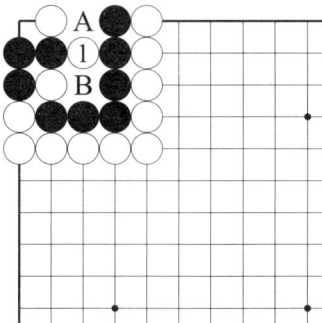

习题39

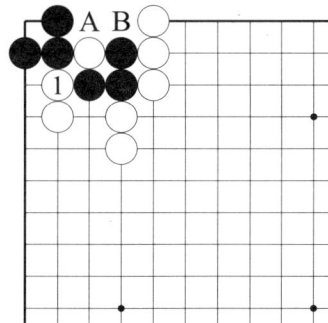

习题40

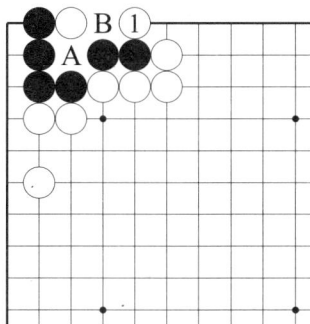

习题41

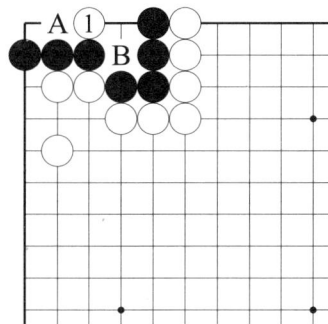

习题42

以下各图均为黑先，请在 A 和 B 中选择正确下法。

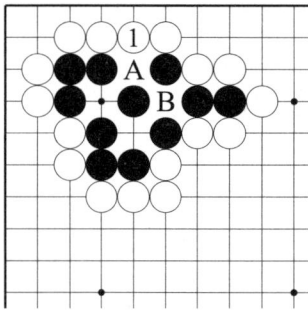

习题43

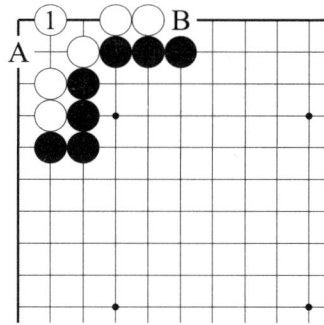

习题44

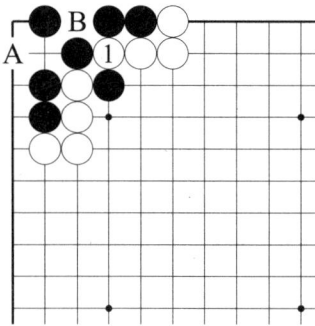

习题45

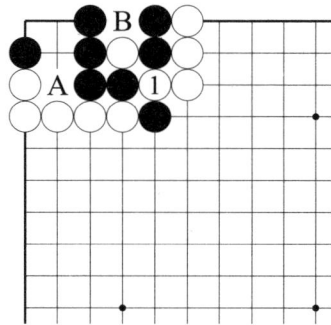

习题46

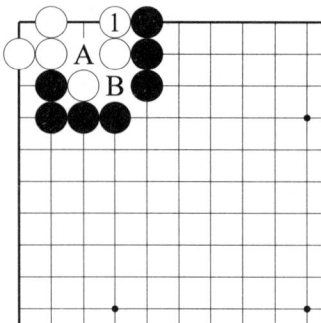

习题47

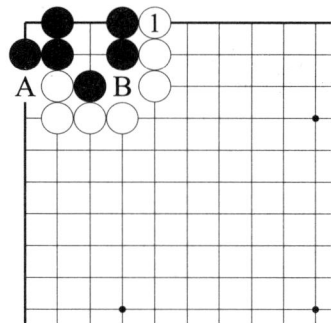

习题48

以下各图均为黑先，请在A和B中选择正确下法。

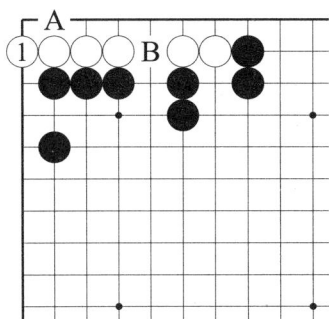

习题49

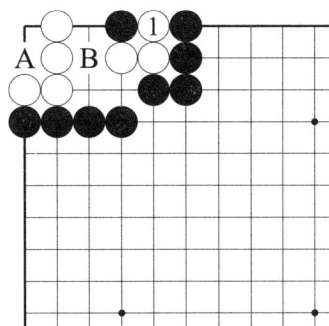

习题50

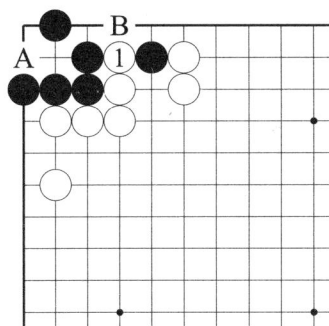

习题51

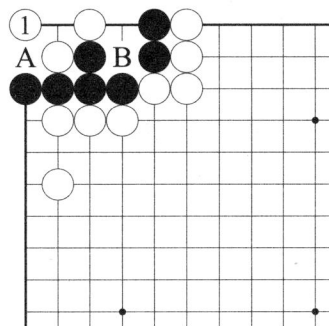

习题52

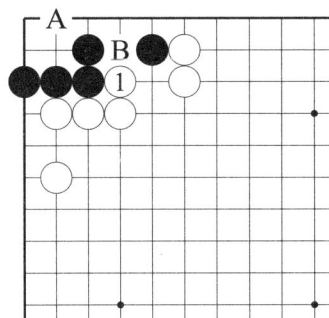

习题53

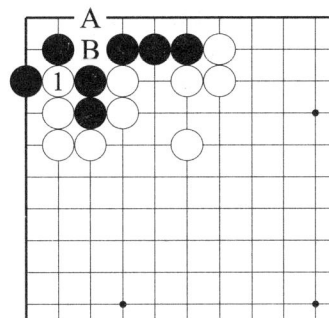

习题54

以下各图均为黑先，请在A～C中选择正确下法。

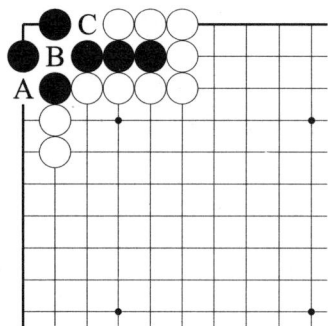

习题55

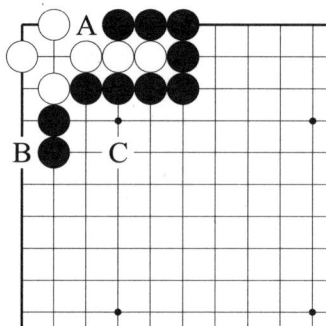

习题56

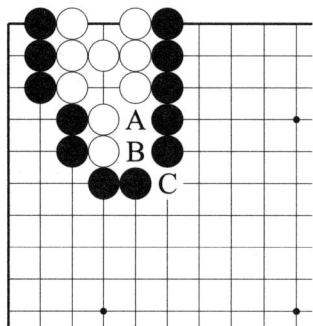

习题57

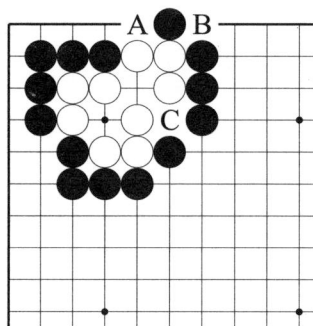

习题58

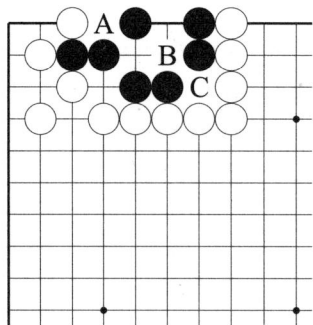

习题59

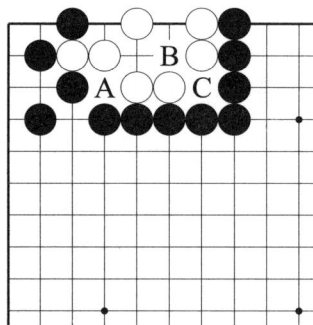

习题60

以下各图均为黑先，请在 A～C 中选择正确下法。

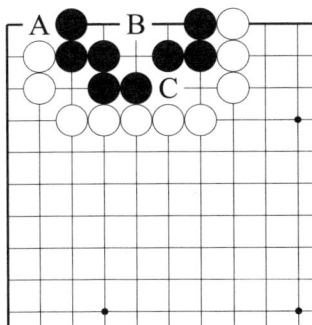

习题61

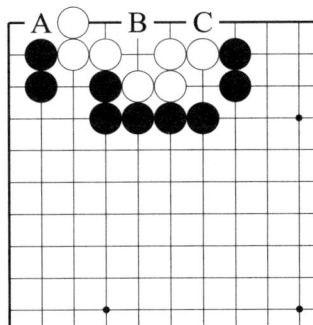

习题62

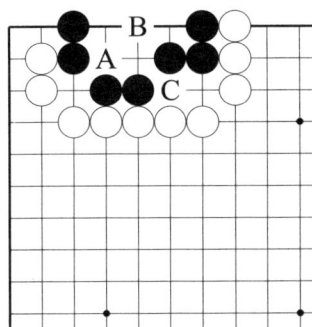

习题63

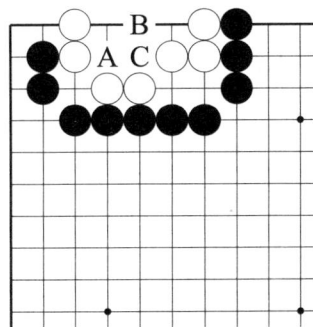

习题64

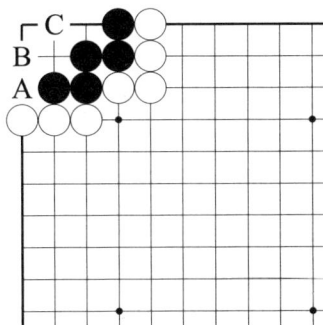

习题65

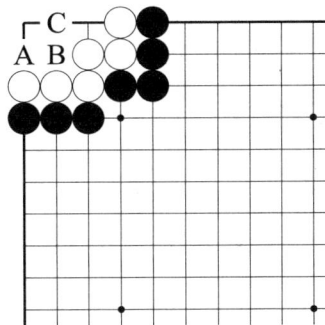

习题66

请判断：被围住的黑棋是活棋还是死棋?

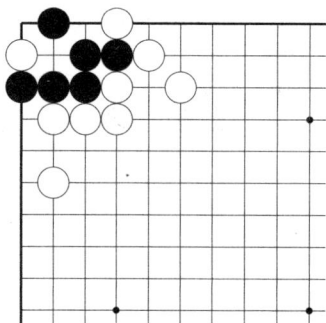

习题67

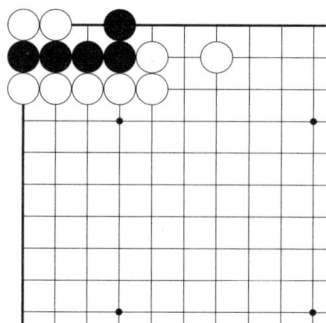

习题68

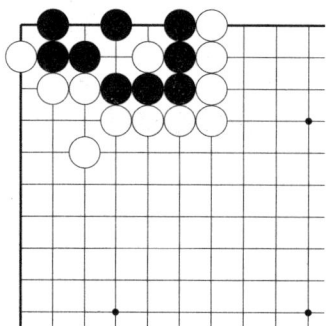

习题69

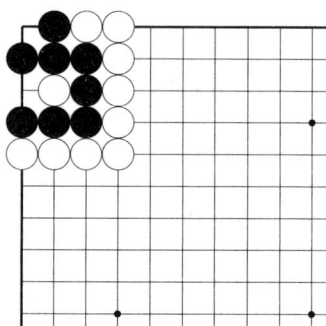

习题70

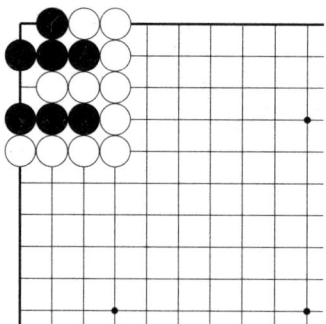

习题71

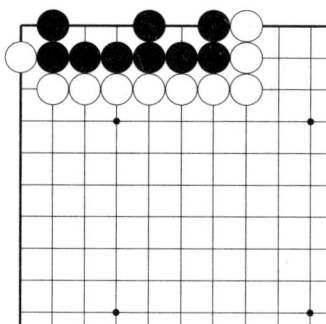

习题72

请判断：被围住的黑棋是活棋还是死棋?

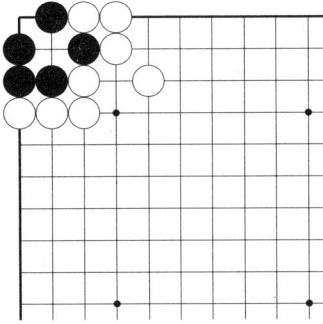

习题73

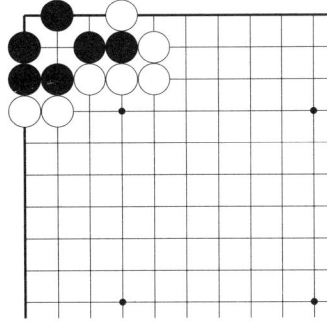

习题74

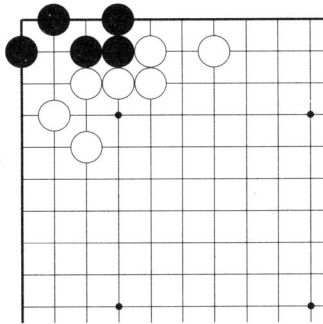

习题75

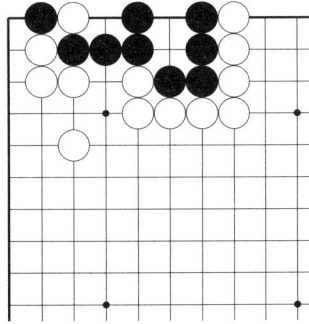

习题76

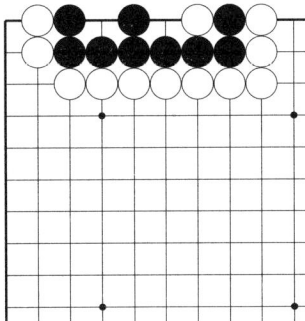

习题77

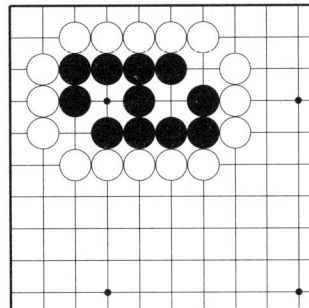

习题78

请判断：被围住的黑棋是活棋还是死棋？

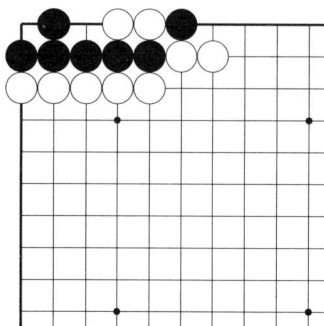

习题79

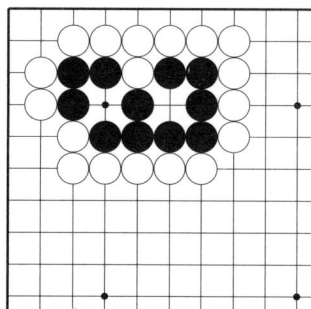

习题80

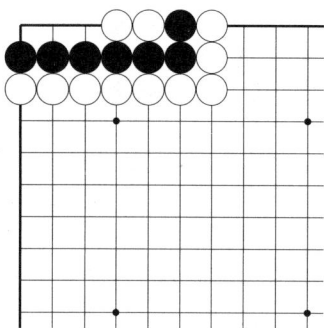

习题81

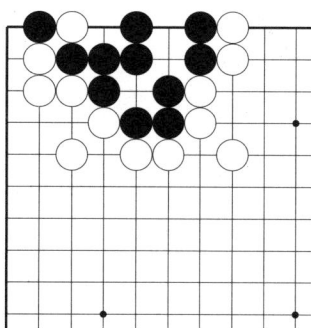

习题82

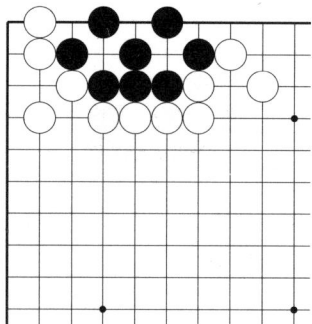

习题83

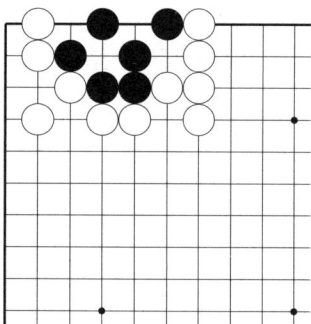

习题84

请判断：被围住的白棋是活棋还是死棋？

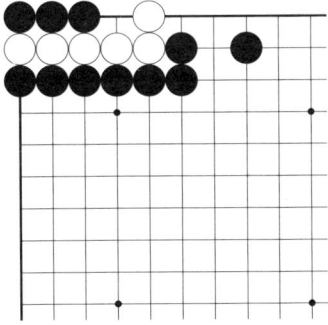

习题85

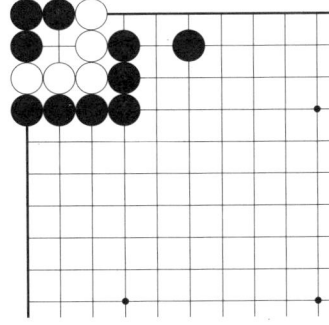

习题86

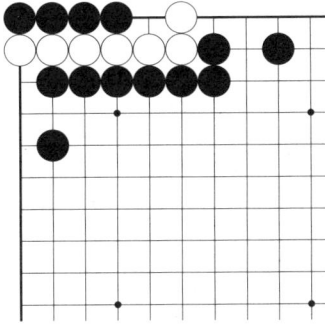

习题87

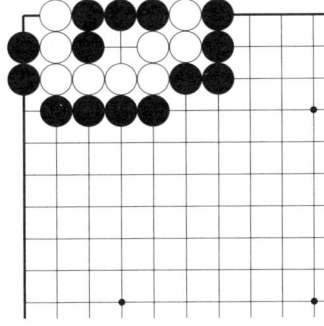

习题88

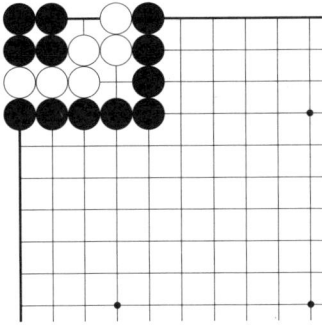

习题89

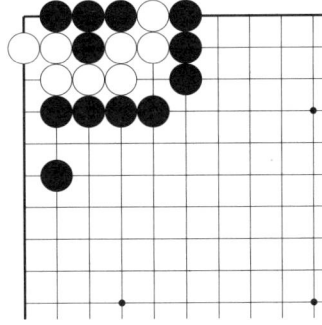

习题90

请判断：被围住的白棋是活棋还是死棋？

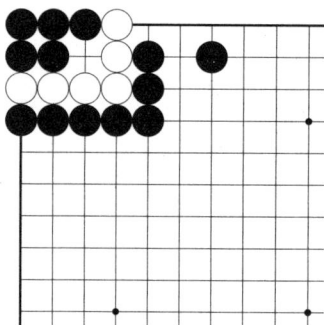

习题91

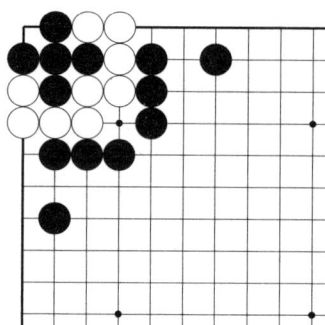

习题92

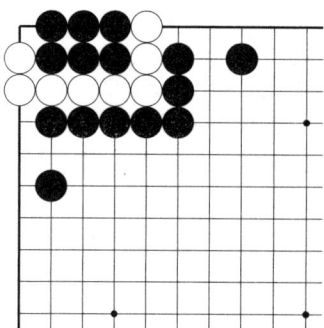

习题93

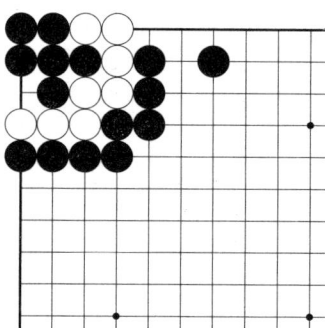

习题94

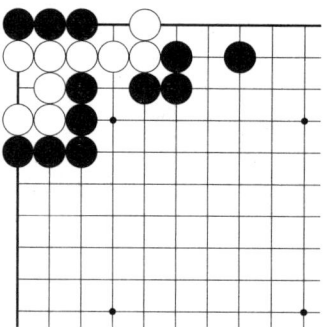

习题95

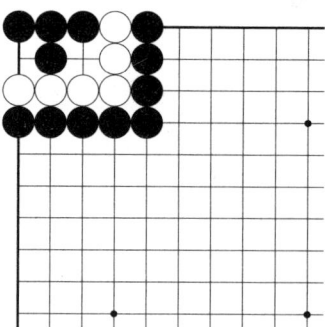

习题96

练习题解答

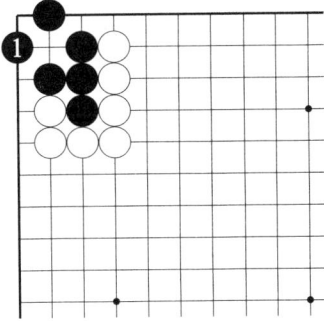

习题1解答

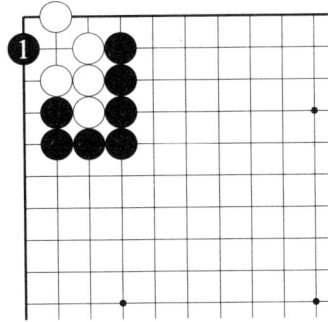

习题2解答

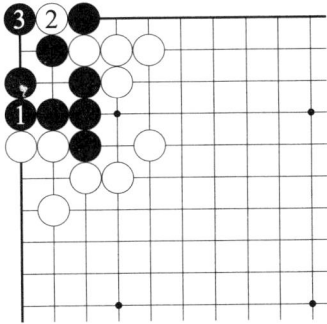

习题3解答（正解）

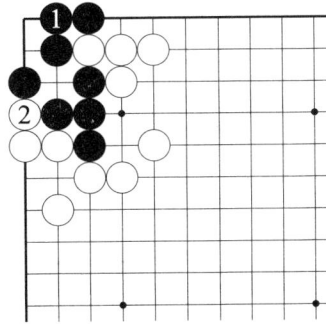

习题3解答（失败）

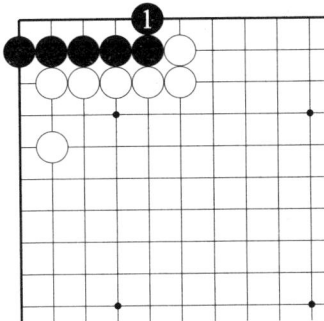

习题4解答（正解）

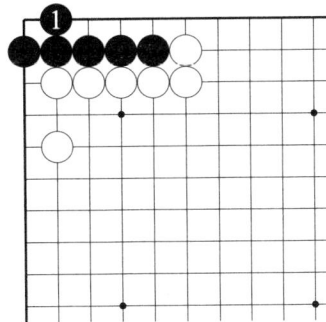

习题4解答（不完美）

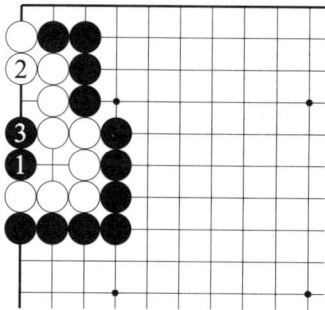

习题5解答（正解1）

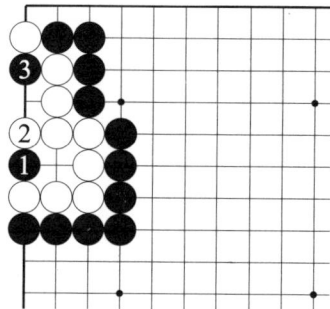

习题5解答（正解2）

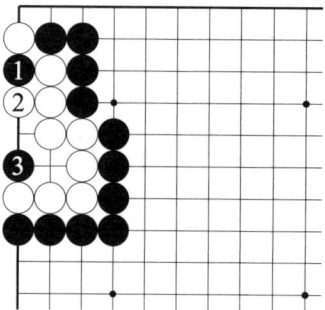

习题5解答（正解3）

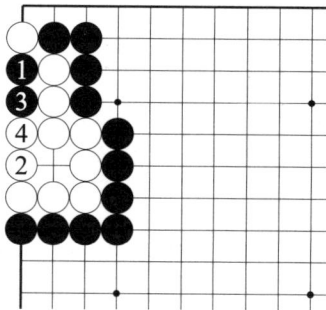

习题5解答（正解4）

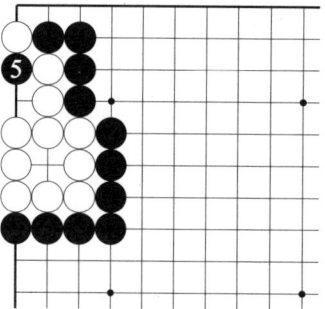

习题5解答（续正解4）

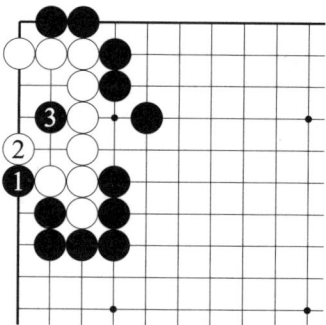

习题6解答

习题7 ~习题12解答：A，A，A，A，A，A

习题13~习题18解答：B，B，A，B，B，A

习题19~习题24解答：A，A，A，A，B，B

习题25~习题30解答：A，A，A，B，A，A

习题31~习题36解答：A，A，B，B，A，A

习题37~习题42解答：B，A，B，B，A，A

习题43~习题48解答：A，A，A，A，A，B

习题49~习题54解答：B，B，A，A，A，A

习题55~习题60解答：C，A，A，C，B，B

习题61~习题66解答：B，B，B，B，C，C

习题67~习题72解答：死，死，活，活，死，活

习题73~习题78解答：死，活，活，死，活，活

习题79~习题84解答：死，死，活，活，活，死

习题85~习题90解答：死，死，活，活，死，死

习题91~习题96解答：死，死，活，死，活，死

第4章 行棋手法训练

围棋行棋手法非常多，如并、跳、尖、飞、靠、扳、长、镇之类，几乎每一步棋都有一个行棋术语。

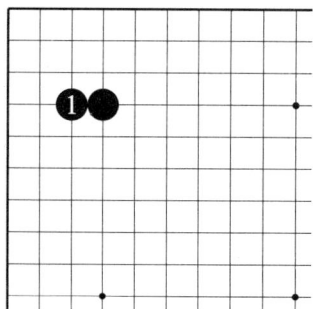

图 1

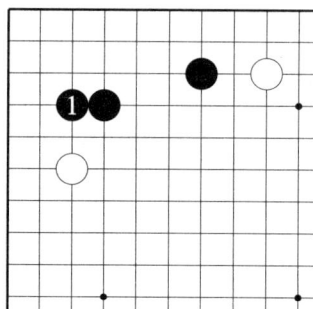

图 2

图1 黑1的走法叫并，也叫"砸钉"。并的步调慢，特点是结实。

图2 此时黑1并是最牢靠的守角方法，可称为"玉柱"。

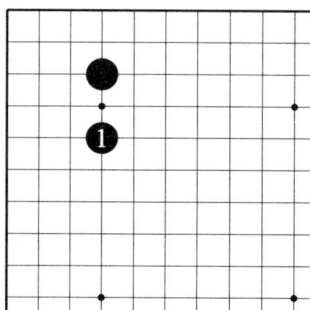

图 3

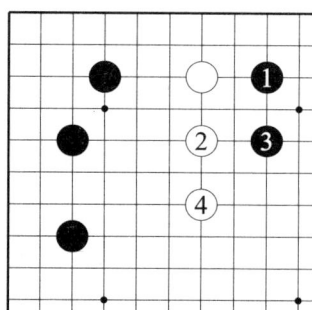

图 4

图3 把步子迈大些，就成了跳。本图黑1跳用于守角。

图4 跳在很多场合又可叫关，像黑1来夹攻，白2、4可称连关。有一句棋谚，叫"凡关无恶手"，意思是说，凡是关（或平凡的关关）就不会是坏棋。本图的白2、4就是用跳来向中腹出头。

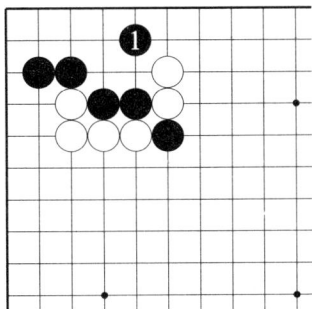

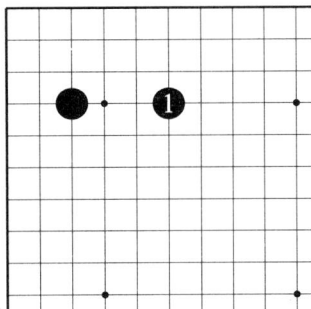

图 5　　　　　　　　　　　　　　　图 6

图5　但在有些场合，跳就不能也叫关。本图黑1跳下，使黑角安定，这时的黑1跳就不能称关。

图6　像这样隔着两个格跳叫大跳，又叫二间跳。本图黑1以大跳来守角，此法还颇为流行。

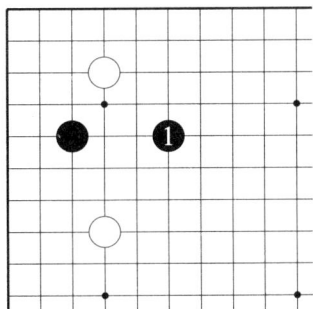

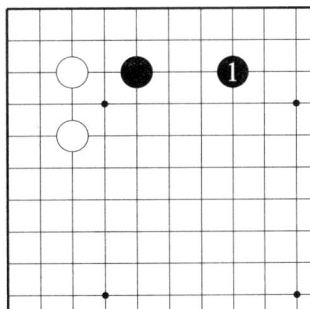

图 7　　　　　　　　　　　　　　　图 8

图7　在很多时候，小跳可称单关，而大跳则可称大关。本图黑1便可称大关，其步调比一间跳要快。但有得必有失，虽然步调快了，用大跳来联络的两个棋子却比不上用小跳联络来得密切。不过，既然选择了大跳，就不怕白棋来分断，黑自有应对之法。

图8　但并不是说，凡直线隔一两格下子就都叫跳。本图黑1在边上下子谓拆边，隔两格拆谓拆二，就不用跳来称呼。

还有一句棋谚，叫"凡尖无恶手"，意思是说，凡是尖（或平凡的尖尖）就不会是坏棋。尖又叫小尖，是一种很牢靠的联络方式。

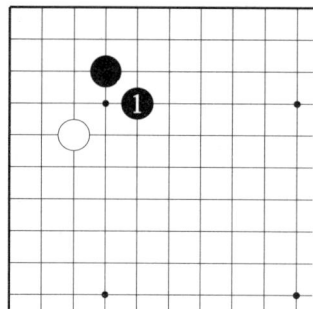

图 9

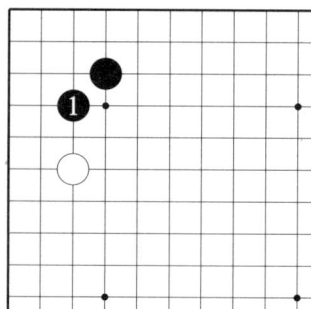

图 10

图9 本图黑1用小尖来加高自身，避免被压低。

图10 本图黑1用小尖来守角。

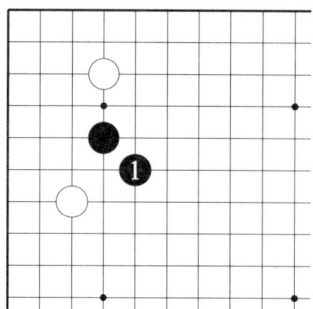

图 11

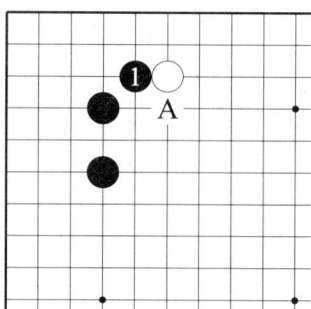

图 12

图11 围棋中棋谚很多，还有一句与尖有关的棋谚是：棋逢难处小尖尖。本图的黑棋倒没到为难的地步，黑1用尖的手法坚实地出头，同时又阻断了白二子间的联络。

图12 现在黑1的走法叫尖顶，这步棋兼有防守和进攻的作用，有不让对方脱身的意味。说防守，指防止白进入黑角中来；说进攻，则为紧紧顶住白一子，并准备继续虎在A位。

图 13

图 14

图13 与跳和尖一样，飞也是最为常用的行棋手法之一。飞在很多情况下是用于守空，如本图黑1小飞，走成一个无忧角。

图14 现在黑棋在三路上的两个子是一个拆三，轮黑下，要不要在这里守一手呢？如果不守一手，白会在A位打入，黑有点吃不消。而若守一手，守在哪里最佳呢？要是在A位守，棋形显得偏平，效率不高。

图 15

图 16

图15 黑1这个子对两边的黑子来说都是小飞，构成两头低、中间高的姿态。有人用"小堡垒"来形容黑1后的棋形，可见其既结实又生动。

图16 飞也经常被应用于进攻。像本图黑1，如白不应，黑可在A位挡下，对角上一个白子含有进攻的意味。黑1后，白大多会在A位爬，则黑在四路上长，黑欲将白压至低位，故黑1这手棋习惯上被称为飞压。

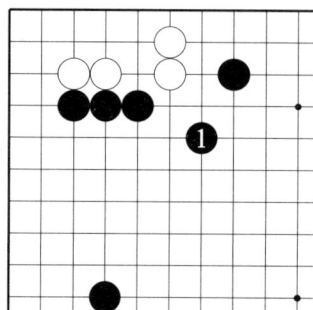

图 17

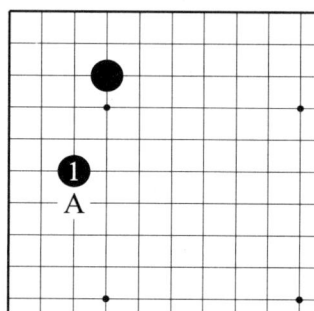

图 18

图17　此时黑1的走法叫飞封，把白角封锁在一定的范围内，不让白棋出头。黑1封锁后，黑外围的模样很大，也就为将来这一带的实地化奠定了良好的基础。

图18　与跳有大跳、小跳一样，飞也有大飞、小飞之分。如本图黑1，即大飞守角。还有一种超大飞，若黑1下在A位，就成了超大飞。超大飞虽然相隔更远，但三线和四线两子组成的超大飞也具有一定的联络性。

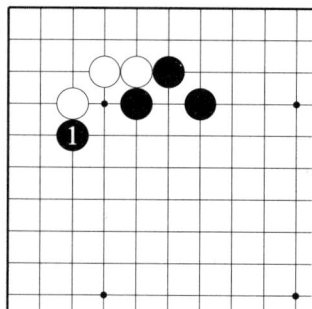

图 19

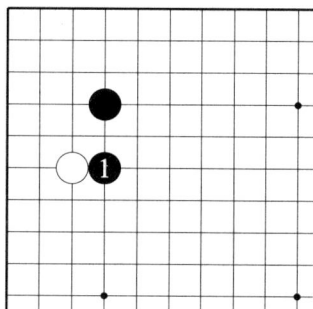

图 20

图19　像黑1这样贴着对方的子的行棋手法，可统称为靠。现黑1靠下，欲阻止白角向边上发展，并构筑自己的中腹势力。

图20　靠有时候可以叫压，也叫靠压。像黑1这样从上面靠住下面白一子就叫压。

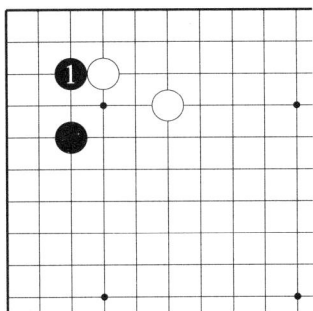

图　21

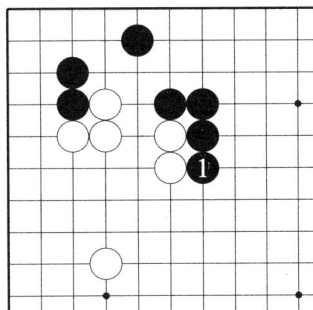

图　22

图21　靠有时候又可以叫托，有"上压下托"之说。本图黑1就是托，可称黑1托角，想在角上就地生根。

图22　靠有时候还可以叫贴。如本图黑1贴住白子行棋，是不想让白棋从这里脱身。贴总是指一方几个子贴着对方几个子行棋，可谓特殊的靠。

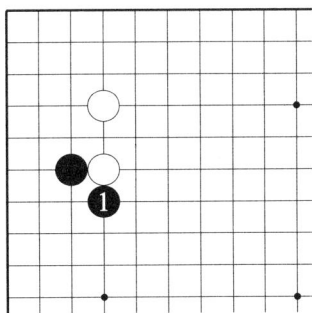

图　23

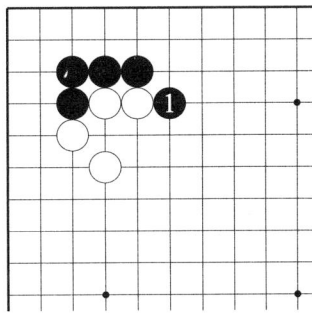

图　24

图23　你听说过"逢靠必扳"的围棋格言吗？也有说成"逢压必扳"的。这个格言说的是，当对方来靠压你的棋子时，你应该用扳的手法来应付。扳有不甘示弱的意思，本图黑1就是用扳来对付靠压的典型例子。

图24　扳经常又可叫扳头，像黑1这样就是扳住了白二子的头。此时1位对双方来说都是好点，白在1位挺头可继续将黑压在低位，但现在1位这个头被黑1扳住了。所谓扳头，多指由上向下、由外向里的扳。

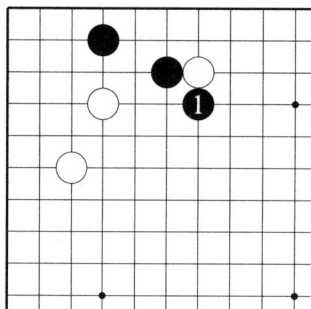

图　25

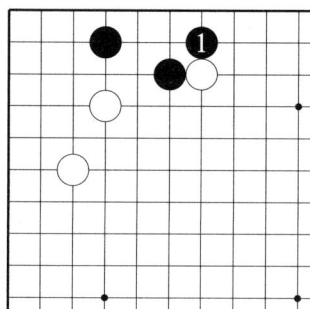

图　26

图25　黑1就是由上而下的扳，这样的扳可称上扳。上扳从形式上看，自然是希望把对方的棋子压在低位。

图26　现在黑1是在二路扳，这样从下面的扳称下扳。下扳从形式上看，自然是希望建立根据地或占据边角实地。

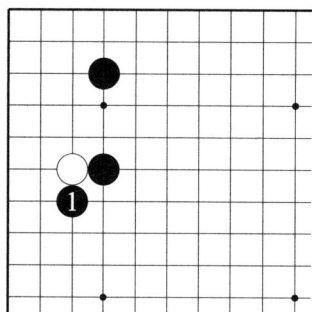

图　27

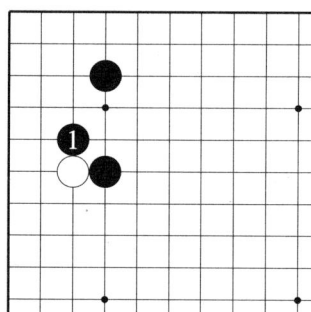

图　28

图27　黑1是由外向里的扳，这样的扳可称外扳。外扳从形式上看，是要将对方的棋子封锁在一定的区域内。

图28　黑1是由里向外的扳，这样的扳可称内扳。内扳从形式上看，是要护住自己的空。

此外，还有反扳和连扳，反扳是用扳的手法来对付对方的扳，连扳则通常是继续用扳的手法来对付对方的反扳。

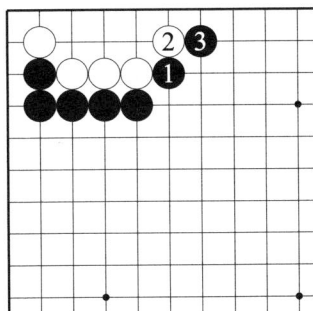

图 29

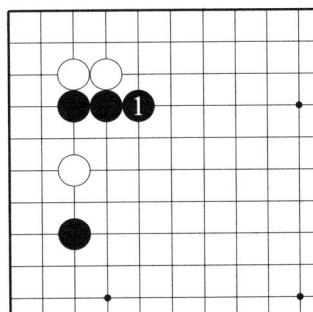

图 30

图29 黑1扳，白2也扳，白2称反扳。黑3再次扳，黑3称连扳。黑3的连扳是建立在黑1扳的基础上的，黑1扳了，黑3接着还是扳，故称连扳。

图30 长也属于围棋中最基本的行棋手法。现在这个棋形在实战中经常能遇到，此时黑1长是要着。若被白在1位扳头，黑二子将苦不堪言，因此，黑1非长不可。

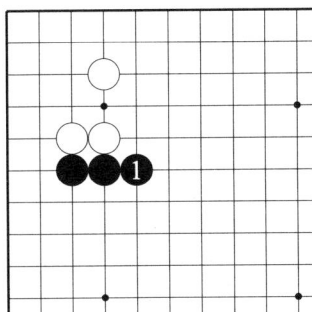

图 31

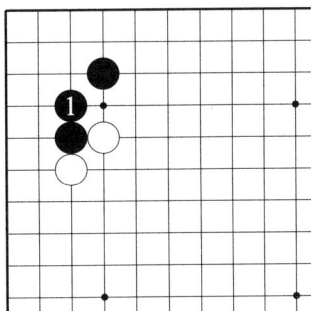

图 32

图31 长有时称挺，也叫挺头。本图黑1就是把自己的头挺出去，同时也是不让白在1位扳头。棋谚说，"棋长一头，力大如牛"，说的就是这种情况，表明了挺头的重要性。

图32 长有时又称退，本图黑1就是退。退在多数情况下指拉回自己的棋子，是一种稳健的下法。

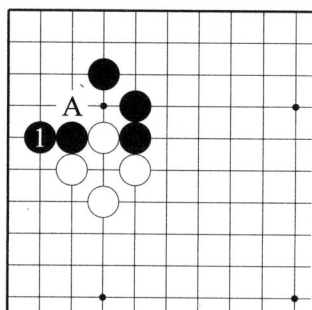

图 33

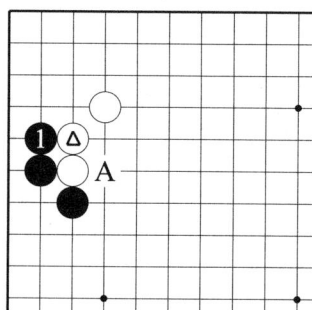

图 34

图33 与由下向上、由里向外的挺相反，由上向下的长又称立，或称立下。黑1就是立，也叫立下。若黑1改下A位，则为退。

图34 有时候，长还可以叫爬。如黑1就是在二路爬。爬总是指在低位的长。若白△子的位置改放A位，则黑1可称挺，即在二路挺出。

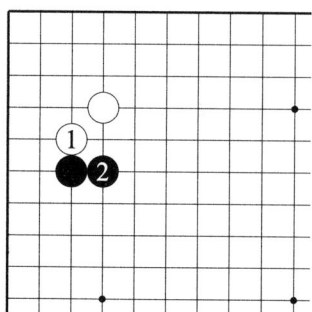

图 35

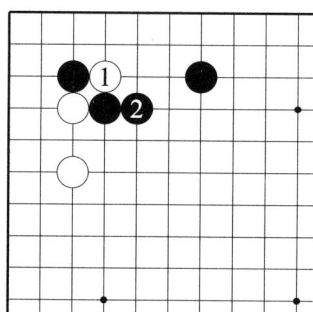

图 36

图35 "逢尖必长"，是一句围棋格言，意思是说，当对方来尖顶你的棋子时，一定要用长的手法来应付。本图的棋形在实战中常能见到，就是"逢尖必长"的具体体现。

图36 还有格言说："扭十字，一边长。"如白1断后，黑白四个子扭在一起，谓扭十字。这时，黑对白哪个子都别打吃，黑2选择从一边长就对了。

格言和棋谚都是长年经验的总结，揭示了围棋行棋的一般规律。

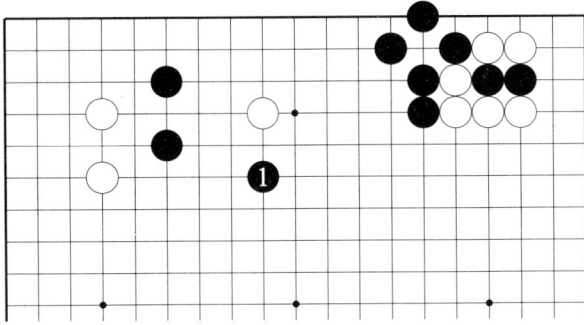

图　37

图37　镇在实战中也常被应用。本图黑1就是镇，镇住了白一子。自然，要把整个上边据为己有不容易，但黑通过攻击能获得好处则是肯定的。

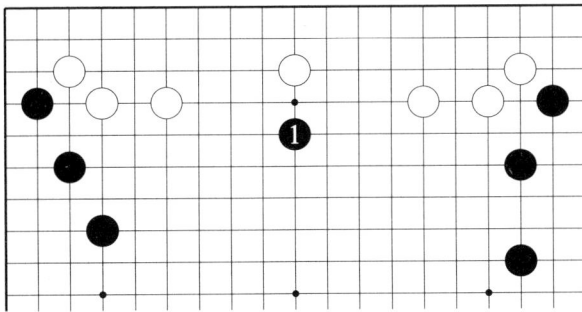

图　38

图38　上图的镇是被用来进攻。本图黑1镇则是要把白空限制在一定的范围内，如有可能，黑还可继而打入白阵或构筑自己的外势。

练习题

以下各图均为黑先，请在 A 和 B 中选择正确下法。

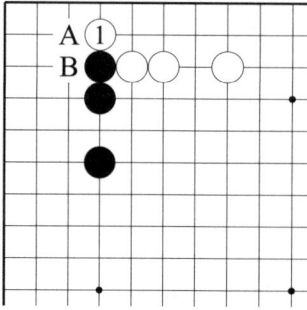

习题1

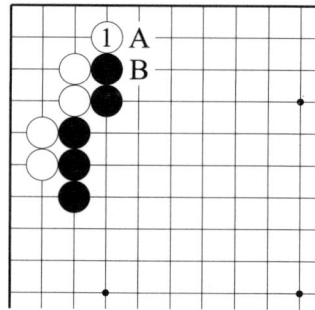

习题2

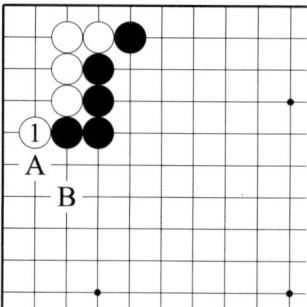

习题3

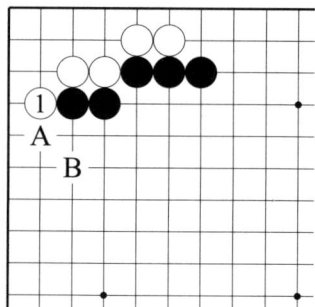

习题4

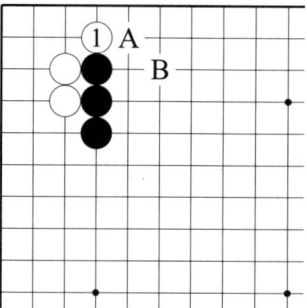

习题5

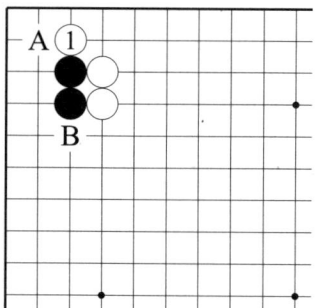

习题6

以下各图均为黑先，请在A和B中选择正确下法。

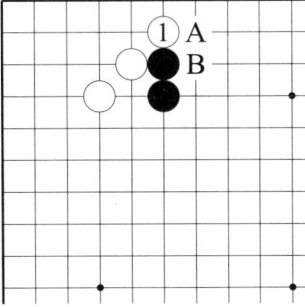

习题7

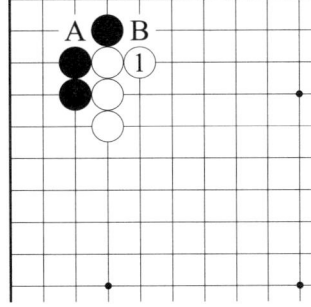

习题8

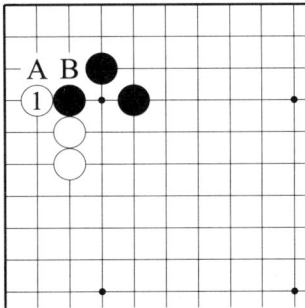

习题9

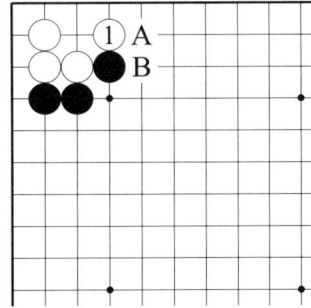

习题10

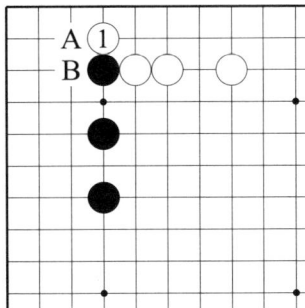

习题11

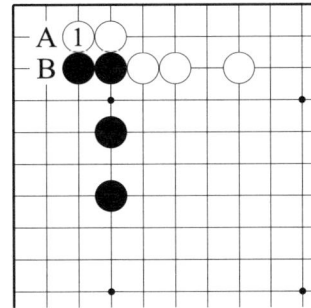

习题12

以下各图均为黑先，请在A和B中选择正确下法。

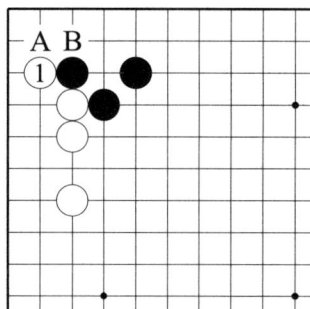

习题13

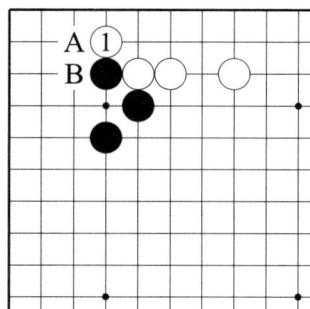

习题14

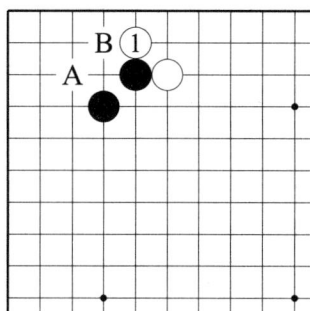

习题15

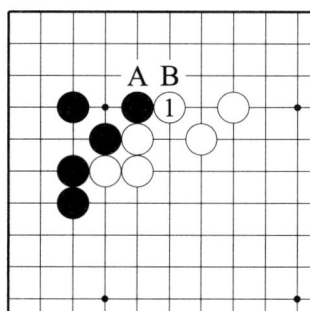

习题16

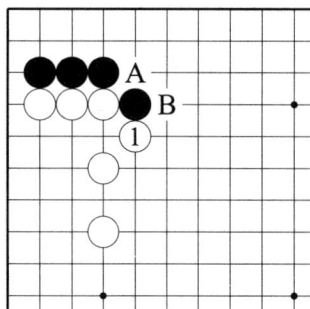

习题17

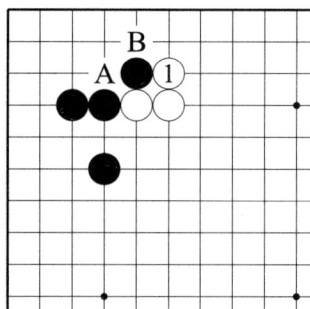

习题18

以下各图均为黑先，请在 A 和 B 中选择正确下法。

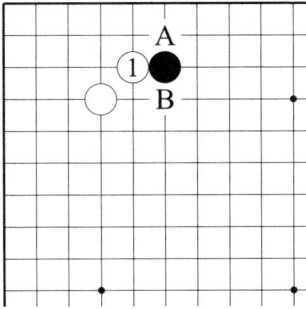

习题19

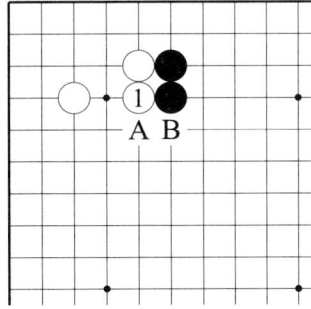

习题20

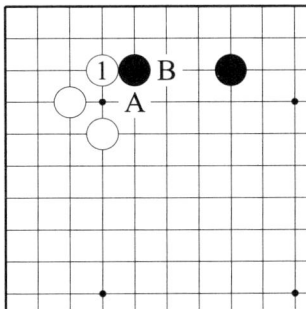

习题21

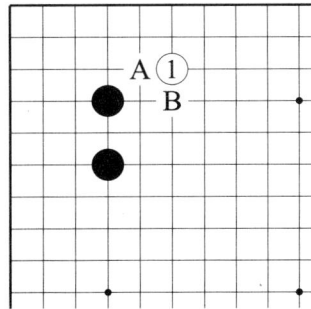

习题22

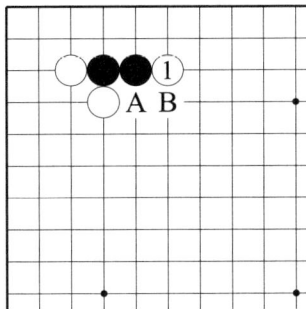

习题23

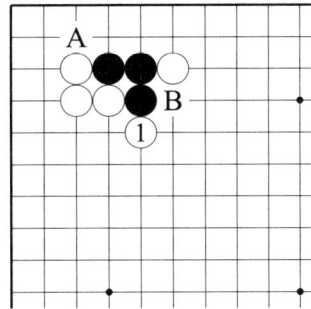

习题24

以下各图均为黑先，请在 A 和 B 中选择正确下法。

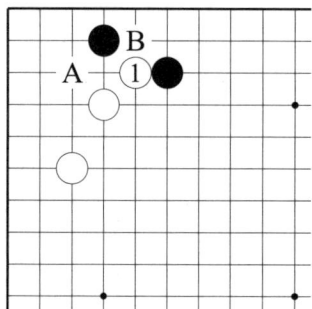

习题 25

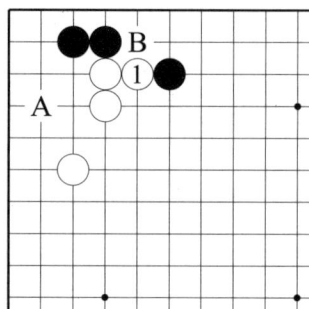

习题 26

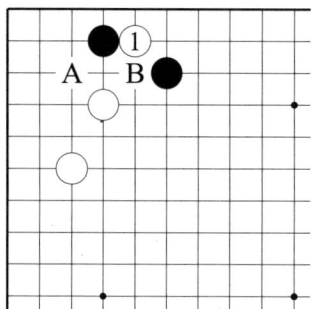

习题 27

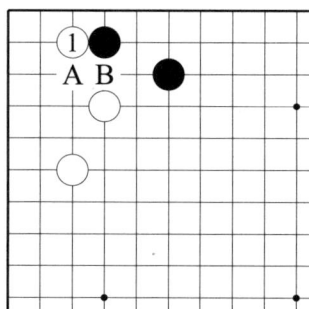

习题 28

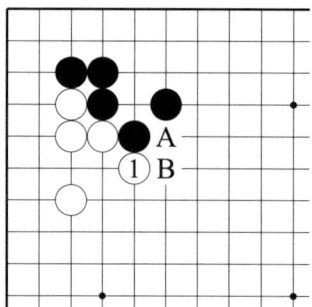

习题 29

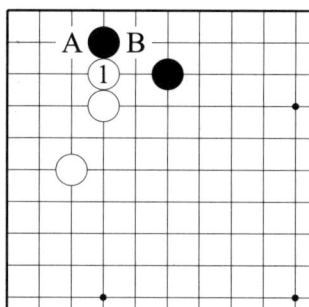

习题 30

以下各图均为黑先，请在A和B中选择正确下法。

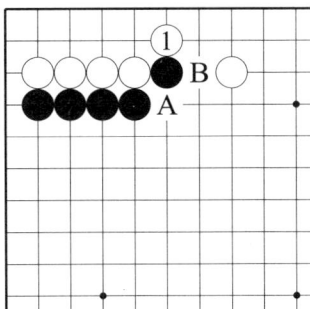

习题31

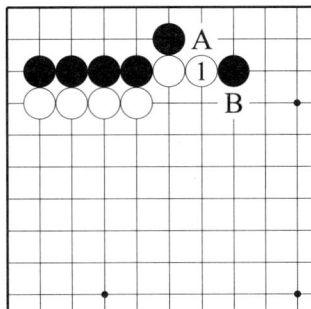

习题32

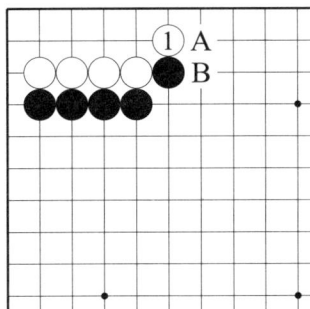

习题33

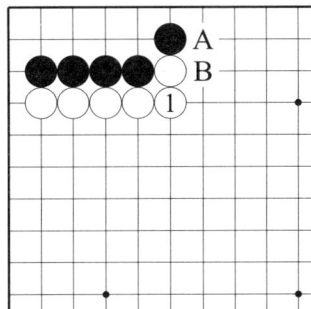

习题34

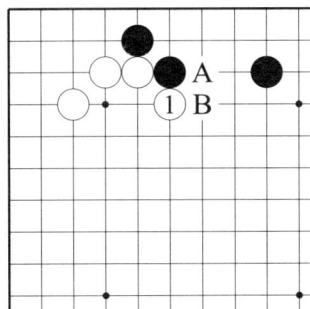

习题35

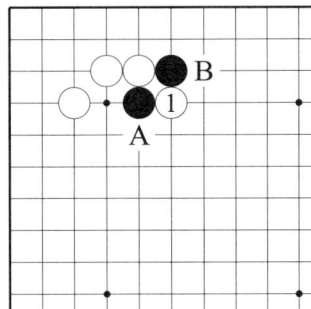

习题36

以下各图均为黑先，请在A～C中选择正确下法。

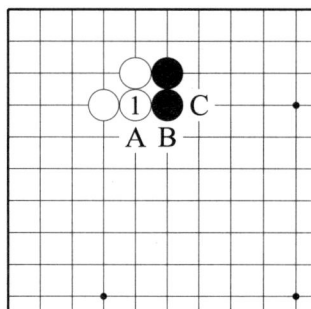

习题37

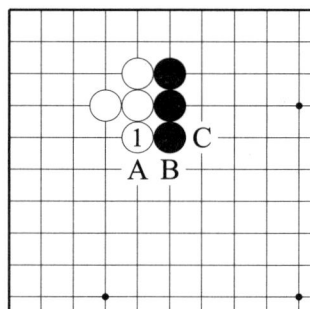

习题38

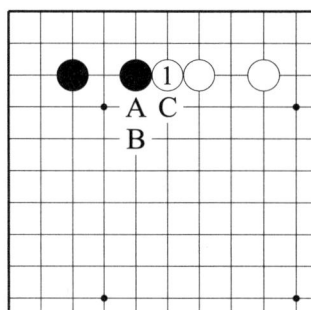

习题39

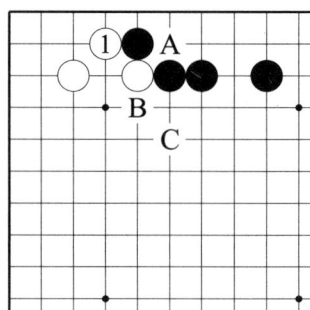

习题40

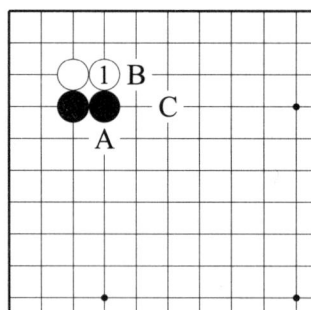

习题41

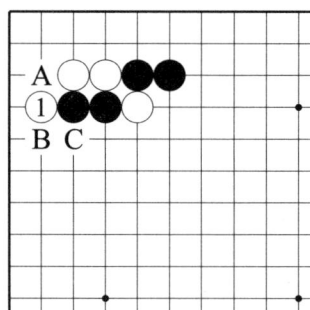

习题42

以下各图均为黑先，请在A～C中选择正确下法。

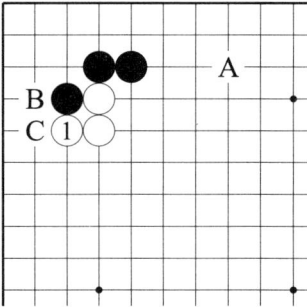

习题43

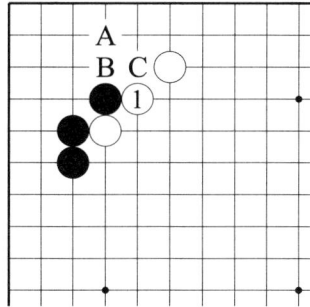

习题44

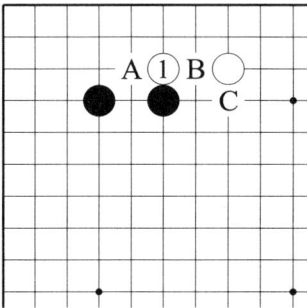

习题45

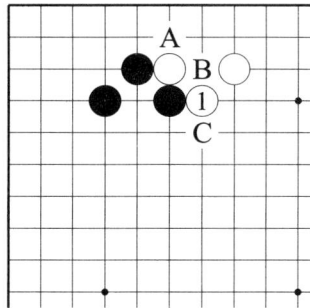

习题46

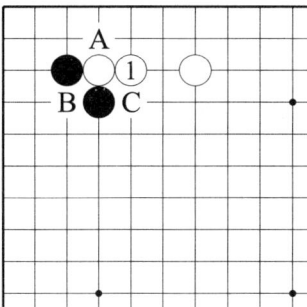

习题47

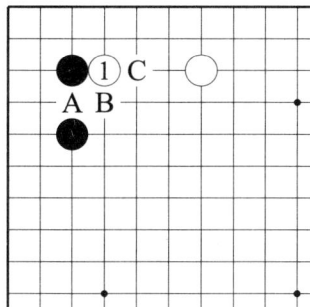

习题48

以下各图均为黑先，请在A～C中选择正确下法。

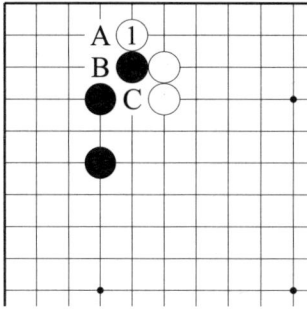

习题49

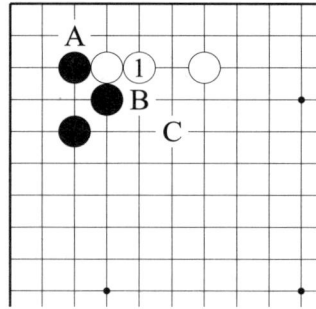

习题50

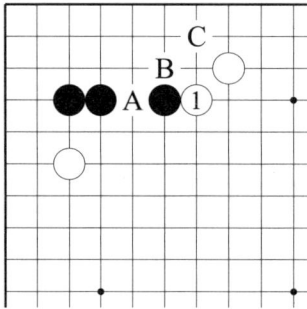

习题51

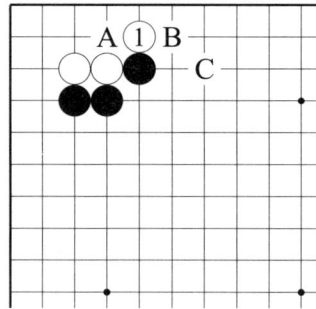

习题52

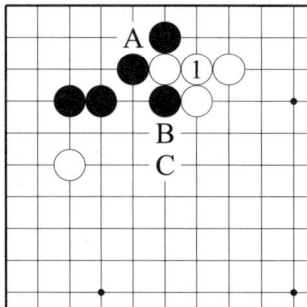

习题53

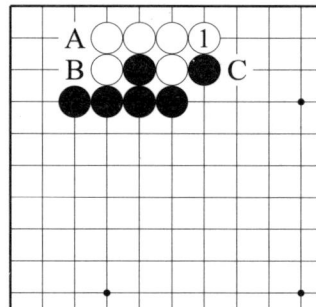

习题54

以下各图均为黑先，请在A～C中选择正确下法。

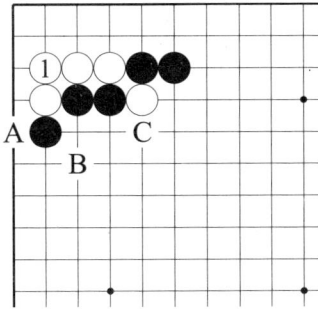

习题55

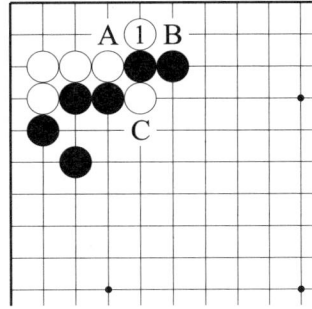

习题56

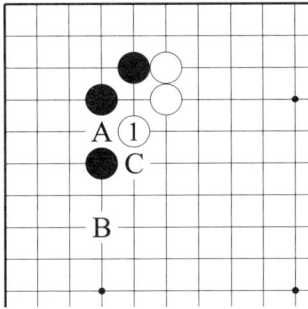

习题57

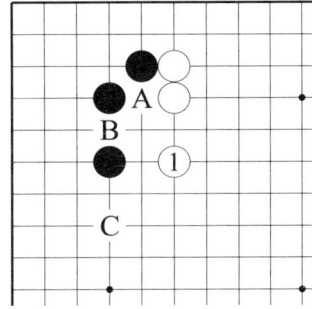

习题58

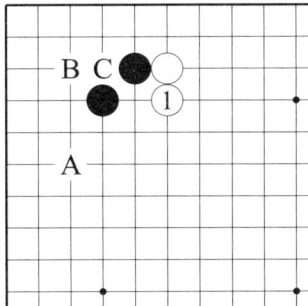

习题59

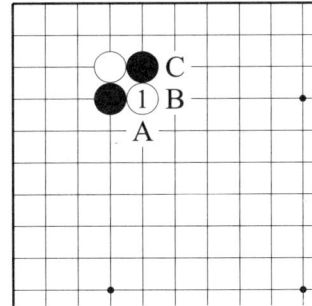

习题60

请判断：黑 1 是好棋还是坏棋？

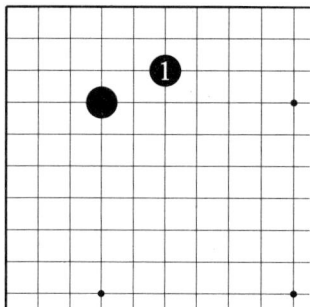

习题 61

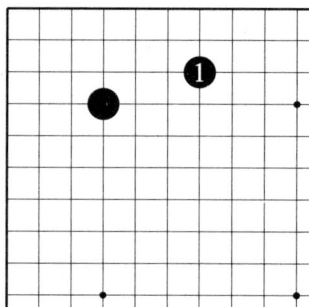

习题 62

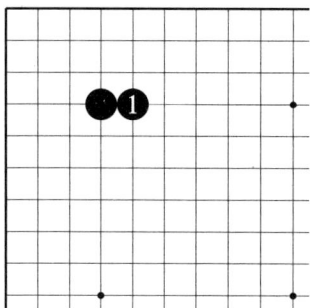

习题 63

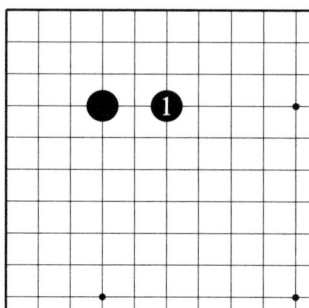

习题 64

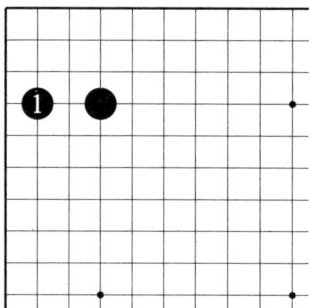

习题 65

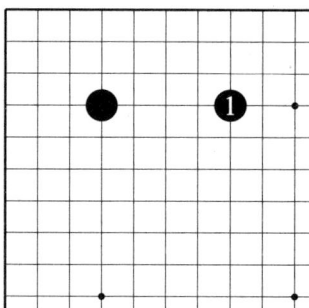

习题 66

练习题解答

习题1 ~习题 6 解答：A，A，A，A，A，A

习题7 ~习题12 解答：A，B，A，B，B，A

习题13~习题18 解答：B，B，B，A，B，B

习题19~习题24 解答：B，B，A，A，A，B

习题25~习题30 解答：B，B，B，A，B，A

习题31~习题36 解答：A，A，B，B，A，B

习题37~习题42 解答：B，B，A，B，B，B

习题43~习题48 解答：B，B，A，A，B，B

习题49~习题54 解答：A，A，B，B，B，C

习题55~习题60 解答：B，B，A，C，A，C

习题61~习题66 解答：好，好，坏，好，坏，坏

第5章　布局训练

　　所谓布局，指一盘棋的开始阶段，指从角到边的布子过程，对中盘的优劣乃至最后的胜负都会产生很大的影响。

　　"金角银边草肚皮"是一句流传极广的棋谚。说的是：角最重要，边次之，而"肚皮"（即中腹）的价值相对最低。

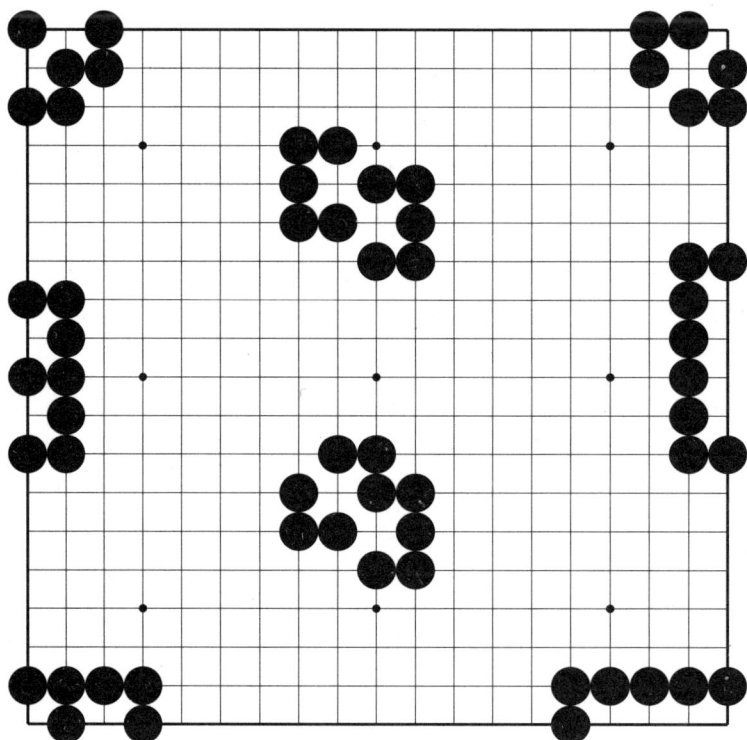

图　1

　　图1　在角上摆出两只眼来只需要六个子，如本图中的四个角；在边上摆出两只眼来就需要八个子了，如本图中的两边；在中腹摆出两只眼来最少得十个子，如本图中中腹的两种摆法。

　　由此可见，角上做活最容易，边次之，而中腹做活最难。

围棋是围地的游戏，谁的地盘大，谁就赢了。地盘大小的计量单位是目，即每围起一个交叉点就算围住了1目。

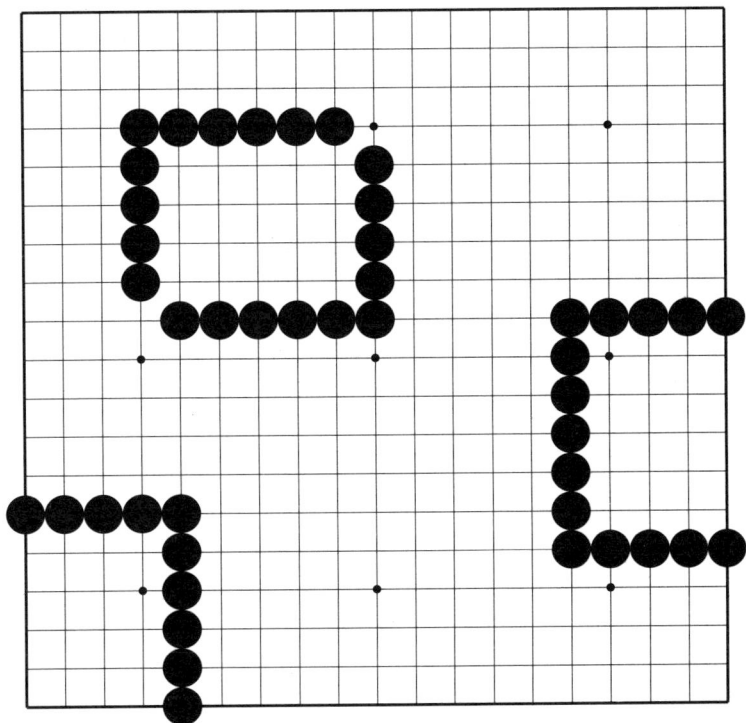

图　2

图2　黑棋围了三块空，每块空都是20目棋。从中我们可以看到：角上围地最容易，围20目棋只需要十个子；边上围地也比较容易，围20目棋需要十五个子；而中腹围地就难了，围20目棋至少也得二十个子。

正是由于边角在建立根据地和围地方面所具有的优越性，所以自古以来就有"起手据边隅"的说法，说的就是在布局阶段，刚开始的几手棋总要下在边角上。

由于角的价值最大，所以开始几着双方总是各自占角，接着由角向边进而向中腹发展。边角的棋子大都下在三路线或四路线上。习惯上称三路线为地线或地域线，意思是重在取地；称四路线为势线或势力线，意思是重在取势。

一般来说，占角的位置包括五种，即星、三三、小目、目外和高目。

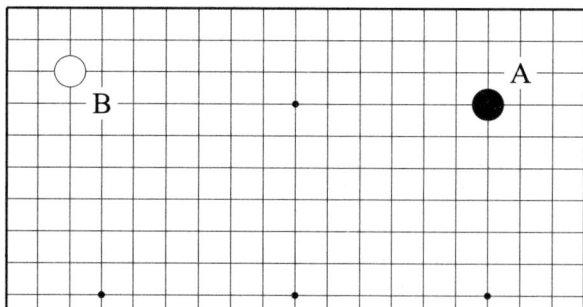

图　3

图 3　黑子占角上星位，白子占三三的位置，我们把一个角上的这样的第一个子叫星和三三。

星是两条势力线的交点，三三是两条地域线的交点，由此可见，从特点上讲，星偏于势力，三三则重视实地。

星的优点是速度快，有利于尽快抢占盘上要点，采取积极主动的模样作战。但占星也有缺陷，就是角部比较空虚，不利于守住角地。例如图 3 中，白只要下在 A 位点三三，便可轻易把角夺去。

三三的优点是一手棋确实占住了一个角。也就是说，三三一手棋便建立了根据地，它已是一块不怕对方来攻的活棋了。三三的缺点则是位置低，不利于扩展势力。仍如图 3 中，黑只要下在 B 位尖冲，白就会被压至低位。

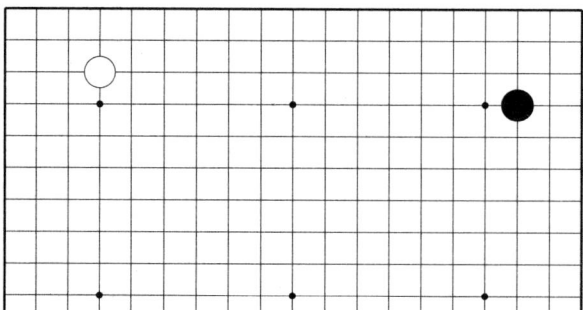

图　4

图4　像黑子和白子这样的占角都叫小目。小目是地域线与势力线的交点，位置介于星与三三之间。小目既有取地的一面，又有取势的一面，但总的来看，更偏于实利。小目兼有星和三三的长处，又弥补了星与三三的缺陷，只是在步调上慢了一些。

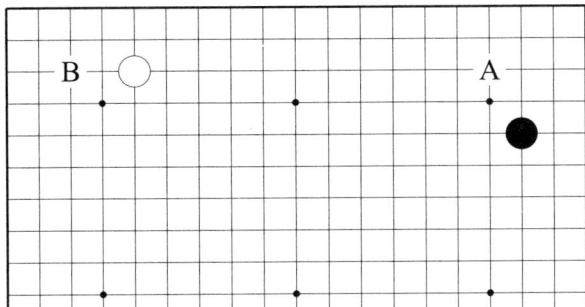

图　5

图5　像黑子和白子这样的占角都叫目外。占据目外，有偏重于势力和控制边的意图。目外具有富于变化的魅力，但在实地上却不如小目。图中的白子占A位或黑子占B位，都可抢夺角地。

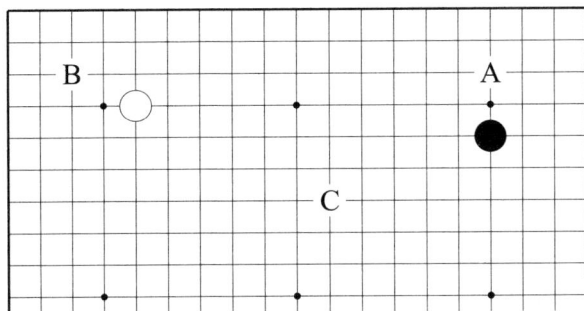

图　6

图6　像黑子和白子这样的占角都叫高目。高目是四线和五线的交点，从其位置就可以看出，它把着眼点放在控制中央的形势上。高目有利于取势作战，但不利于实地。占高目后，角上仍很空虚，图中白子占A位或黑子占B位，即可抢夺角地。

除了三三能一手棋占住一个角之外，其他占角方式均不能做到这一点。因此，第一手占角之后，接着还需要守角。守角也称"缔角"，或简称"缔"。

鉴于角地的重要性，如果你不赶紧守角，对方可能马上就会来挂角。从理论上说，最急于守角和挂角的，应首推小目。

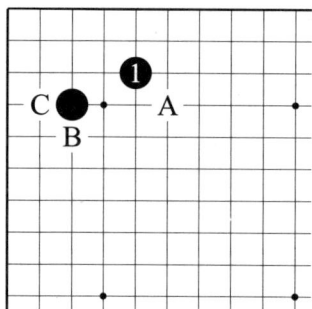

图 7

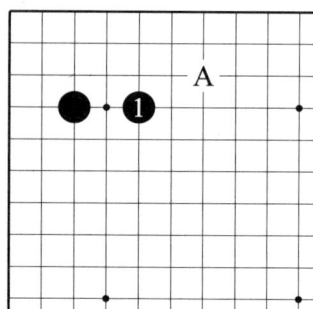

图 8

图7 黑1小飞守角，使角地非常牢固，被称作无忧角。无忧角角地确实，喜欢采用这种守角方式的人很多。有这样的一个角地为根基，再加上向两边扩张的潜力，其价值可想而知。不过，近来也发现了它的一些小缺陷，即当白伺机在A位尖冲或在B位靠、C位托时，会有种种利用。

图8 黑1单关守，这样的角称单关角。单关角有利于发展势力，但在角地的牢固性上比无忧角略逊一筹。如以后白下A位，即可对角地构成一定威胁。

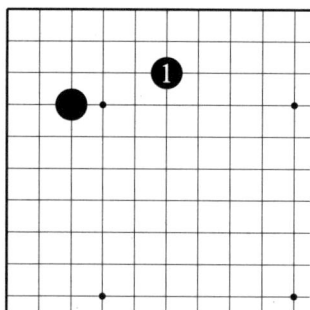

图 9

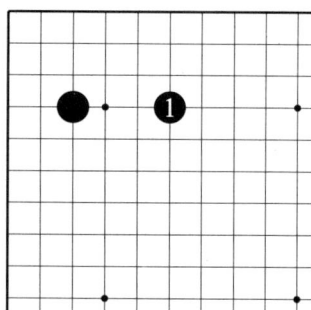

图 10

图9 黑1大飞，也是小目守角的常见方式。大飞守角比无忧角多开一路，对于控制边较为有利，但角地相对无忧角却略显空虚。

图10 现在的黑1比大飞高一路，则为大关守角，也可称大跳守角或二间跳守角。过去，以这种方式守角的较少，一般认为在取势为主或照顾周围子力配合的情况下才采用。但随着高端人工智能的出现，人类棋手开始大量模仿，喜欢这样守角的也越来越多了。

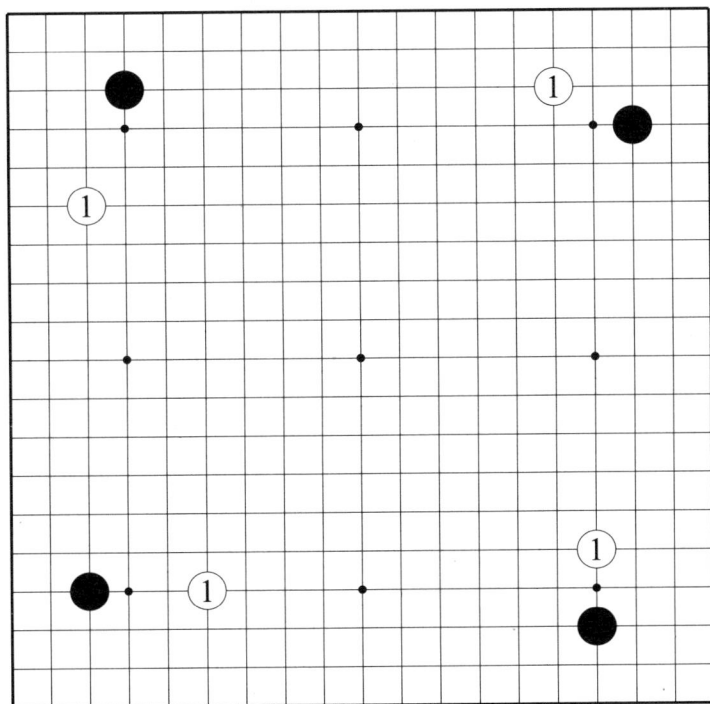

图 11

图11 这是白棋对小目的四种挂法，挂角的点和守角的点实际上是同一个。右上小飞挂和左上大飞挂都是低挂，低挂较重视实地；右下一间高挂和左下二间高挂则较偏重势力。这几种挂法都很流行。

守角是要守住自己的角地，挂角则是要侵分对方的角地，守角和挂角都是非常大的棋。

但这并不是说，只有小目守角重要，采用其他方式占角后就不需要守角了。

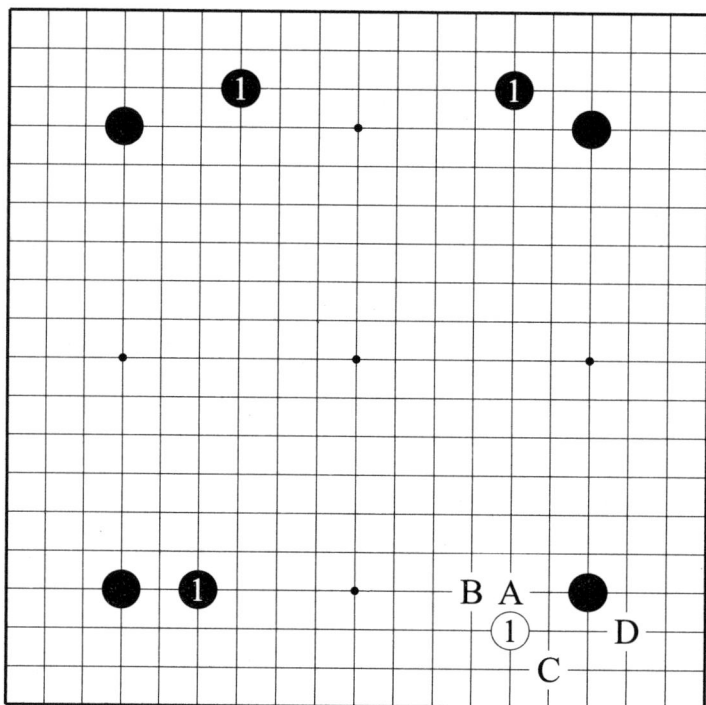

图　12

图12　这是星守角和挂角的主要方式。右上是小飞守角，左上是大飞守角，左下则为单关守角。右下是对星的挂法，绝大多数是1位小飞挂，为了照顾势力时可在A位甚至B位挂，特殊情况下可选择C位挂，眼下还流行直接在D位点角。

图13　占目外后，再黑1小飞守，也是一个无忧角。黑1也可改在A位大围，甚至改在B位追求更大的气势，这样下无非是把目标着重放在追求外势上。挂目外的点，则多在1位、A位或C位。

图14　占高目后，再黑1跳下守，成了一个单关角。黑1也可改下A位，把角地守得更结实。黑1还可改下B位甚至C位，强调外势作战。挂高目的点，则多在1位或A位。

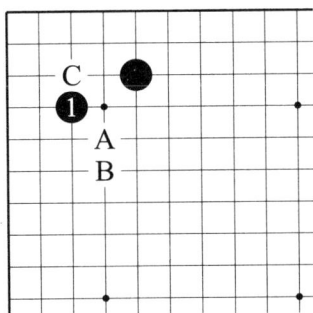

图　13

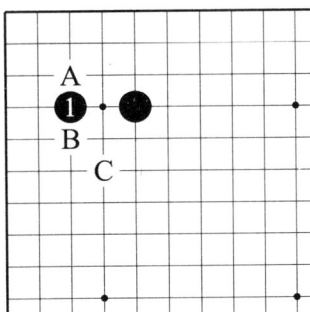

图　14

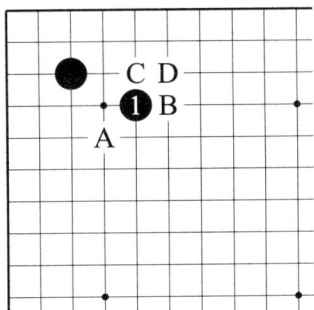

图　15

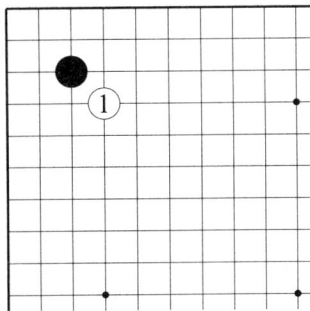

图　16

图15　对三三而言，其补角意图，多是将原本处于低位的棋子加高。三三守角有一个与星位守角一样的特点，就是要讲究守角的方向。本图除1位外，还可考虑A位小飞的方向。黑1若宽一路在B位大飞，则步调更快一些，自然有利于对边的控制，但结实程度不如小飞。挂三三的点，包括1位和B位，还包括C位甚至D位。

图16　但对三三最普遍的挂法是白1尖冲，非要把黑棋彻底压低不可。

占角、守角和挂角，都各有不同的方式。不能说因选择的方式不同，其价值就有大小之分，只能说它们各有特点、各有利弊。不管哪一种方式，都要看你运用是否得法。关键是要根据棋手的不同风格，特别是要根据全盘的子力配置，来灵活地进行选择。

在边上建立根据地离不开拆边。拆的幅度多大为合适，取决于二者间能否保持有效的联络。

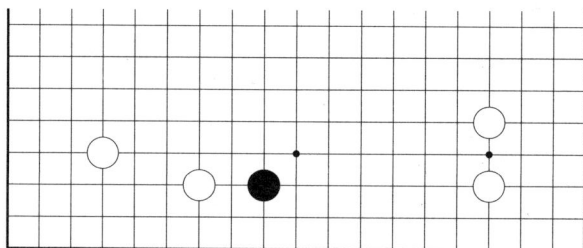

图　17

图17　现在，黑一子必须马上向右拆边，这是建立根据地的需要。

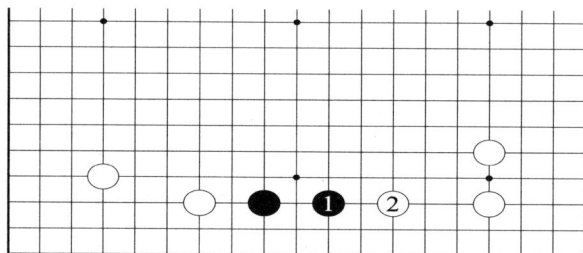

图　18

图18　本图黑1谓拆一。拆一的两子虽然联系紧密，但拆幅过窄，被白2一拦，黑顿感局促。

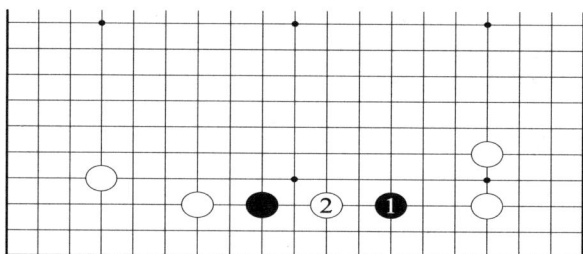

图　19

图19　本图黑1谓拆三。拆三后又中间空隙过大，被白2打入，黑左右就可能被分断。

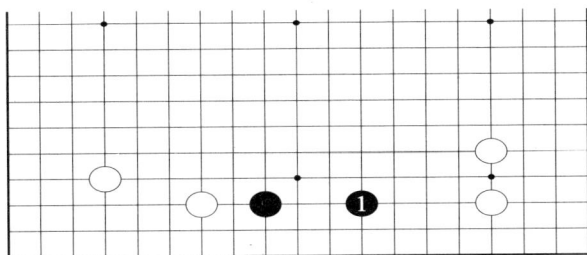

图 20

图20 黑1拆二才是适宜的，不大不小正合适。

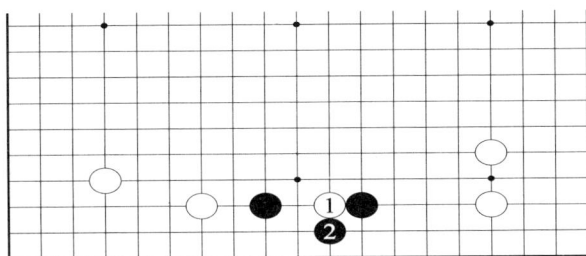

图 21

图21 为什么拆二正合适呢？因为这是保持有效联络的最大幅度。白1试图分断，黑2在二路扳就连通了。

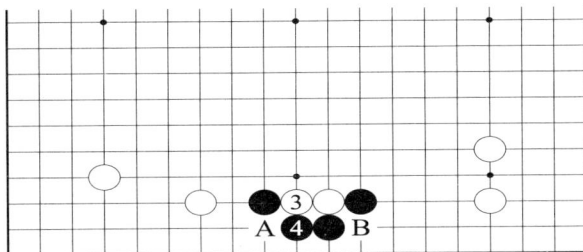

图 22

图22 接上图，若白3横顶一个，黑4从二路挡即可，A位和B位白都无法进来分断。白3若改在4位扳下，则黑4在3位断打，黑亦平安无事。

拆边有高拆、低拆之分，为建立根据地的拆边多数在三路上，在四路的拆则为高拆。

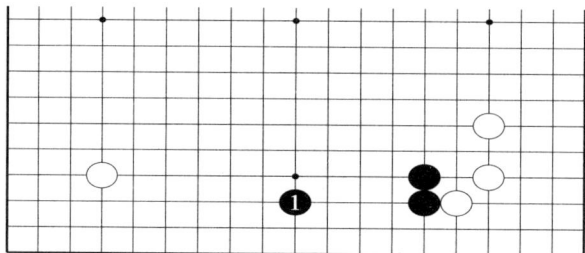

图　23

图23　现在情况不一样了，黑1是以两子为背景开拆，右侧的这样两个子叫"立二"，立二拆三正合适。"立二拆三"，是自古以来便流传的棋诀，至今仍是现代棋手的共识。

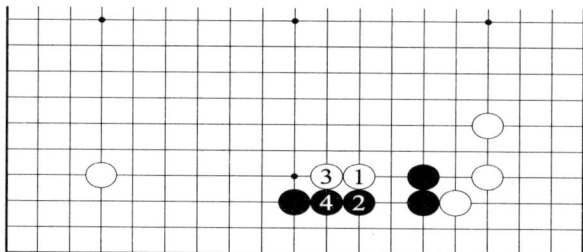

图　24

图24　黑立二拆三之后，白1若选择在四路打入，黑2、4可从三路安全地托过。

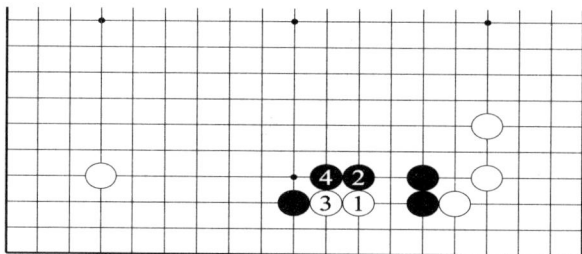

图　25

图25　白1若选择在三路打入，黑2、4可在四路压过，黑把白棋压至低位转为取势。

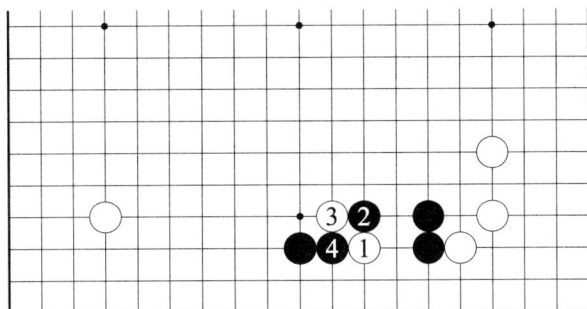

图　26

图26　黑2压时，白3若强扳，黑4断即可。由此可见，立二拆三的拆边方式是可以保持黑子之间的有效联络的。

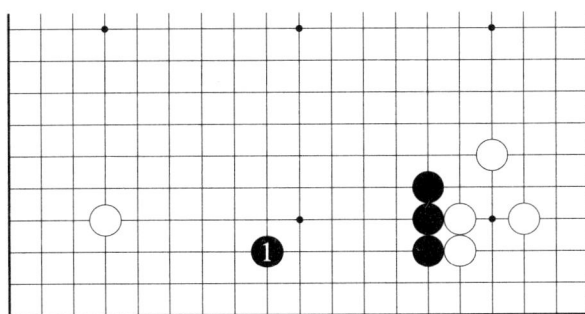

图　27

图27　这次黑1拆四才合理，因为此时右侧立成一排的黑子已不是两个，而是三个，这叫"立三拆四"。

　　立二拆三、立三拆四，都是建立在有效联络基础上的最大开拆幅度。这种在边上建立根据地的行棋方法，使我们看到了如何恰如其分地处理结实和效率二者之间关系的范例。

练习题

以下各图均为黑先，请在 A 和 B 中选择正确下法。

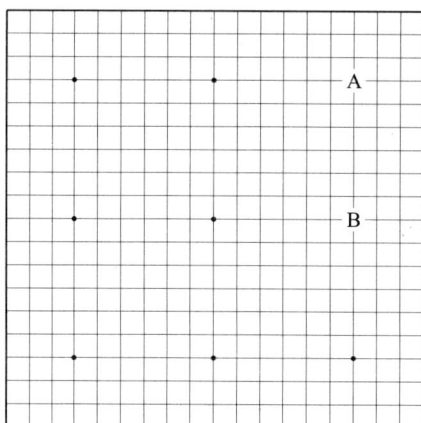

习题1

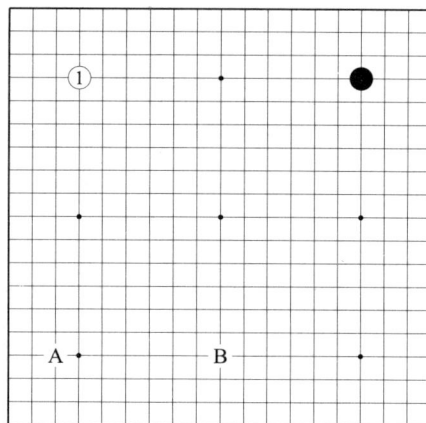

习题2

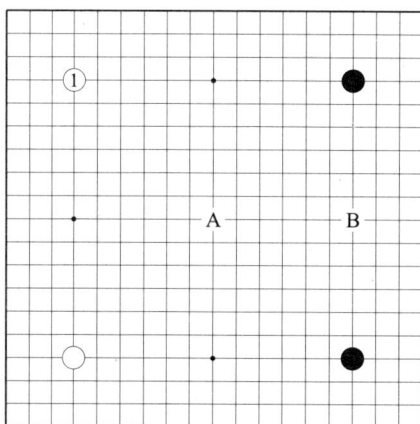

习题3

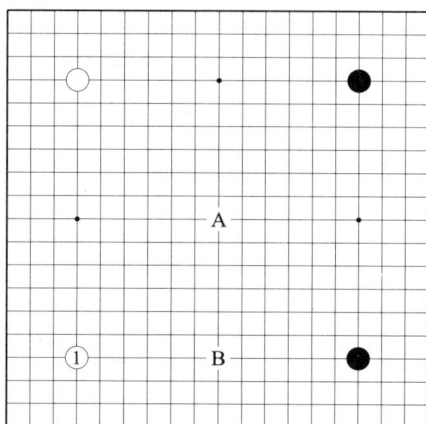

习题4

以下各图均为黑先，请在A和B中选择正确下法。

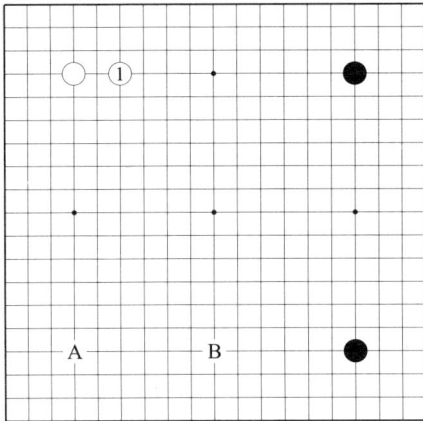

习题5

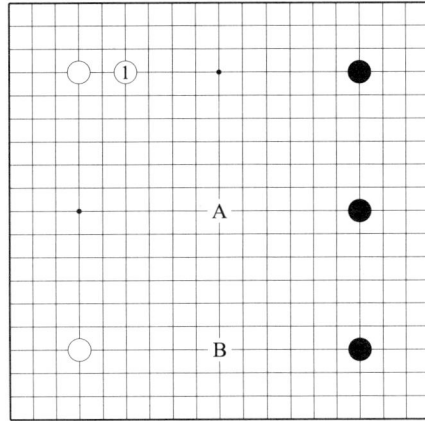

习题6

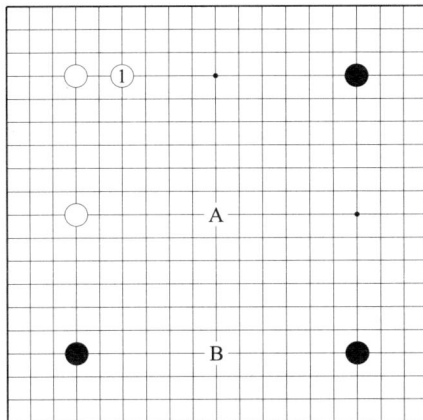

习题7

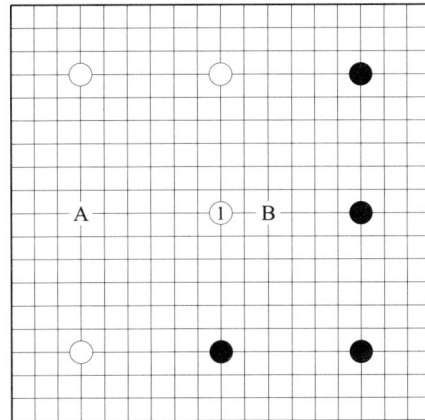

习题8

以下各图均为黑先，请在A和B中选择正确下法。

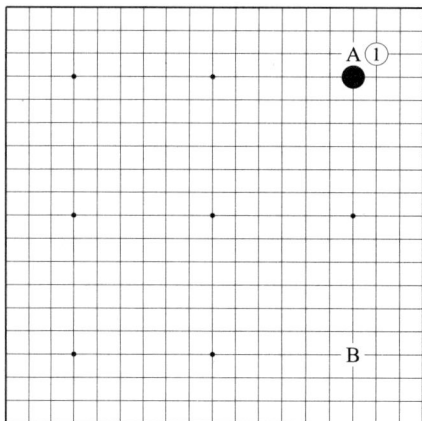

习题9

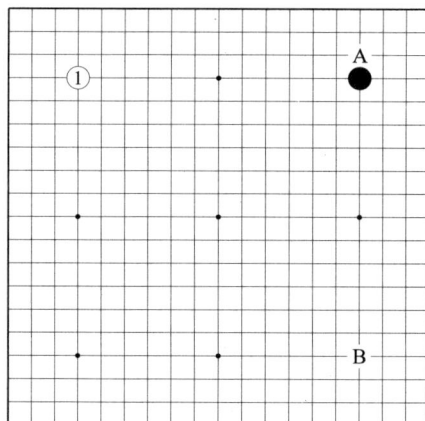

习题10

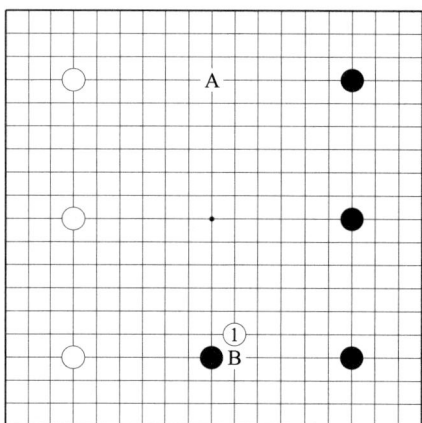

习题11

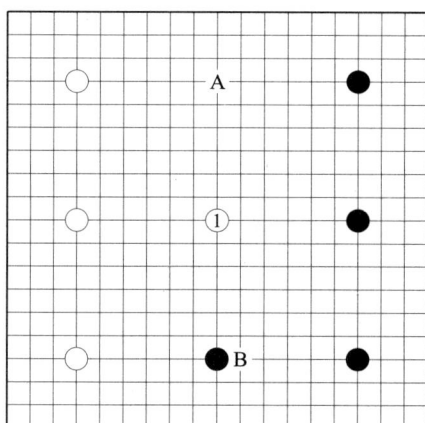

习题12

以下各图均为黑先，请在 A 和 B 中选择正确下法。

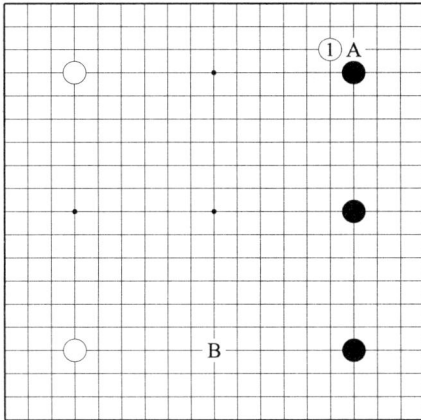

习题 13

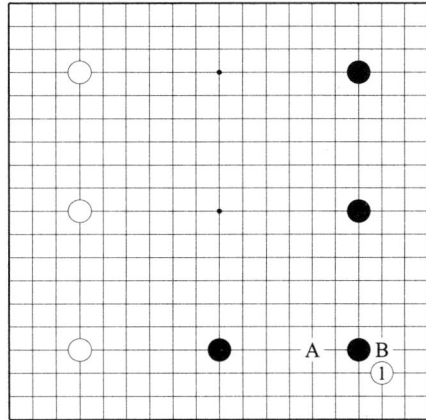

习题 14

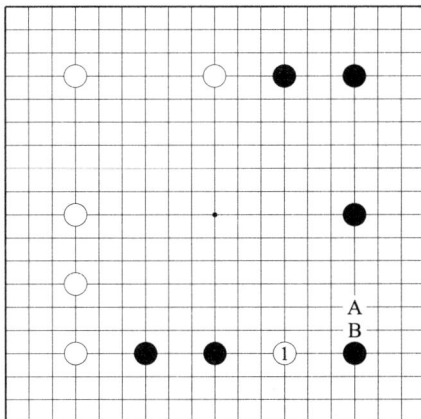

习题 15

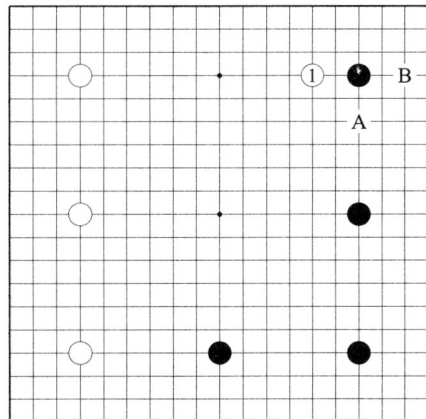

习题 16

以下各图均为黑先，请在A和B中选择正确下法。

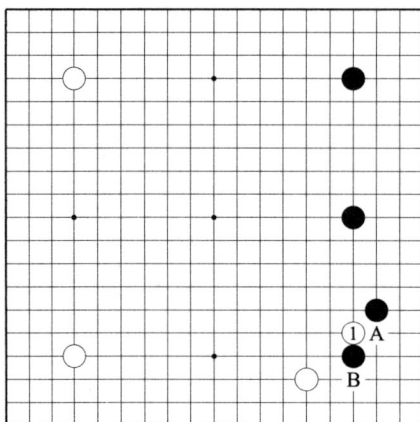

习题17

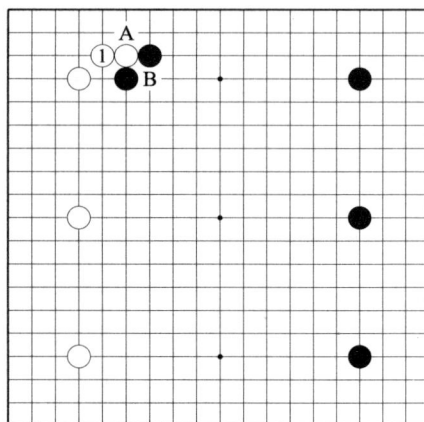

习题18

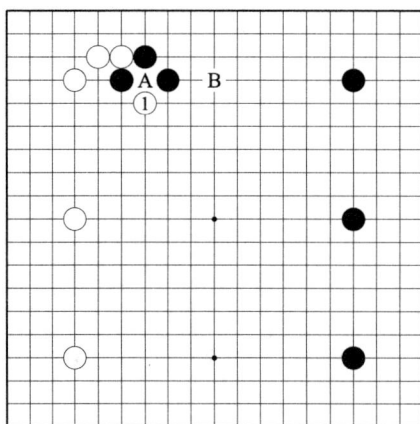

习题19

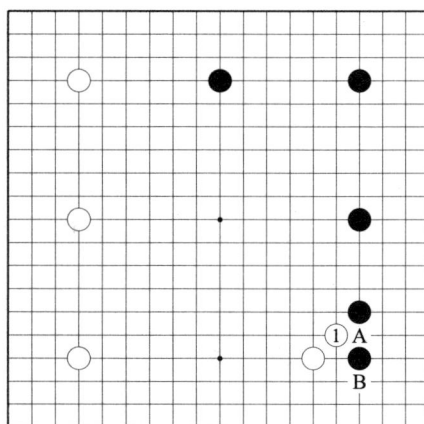

习题20

以下各图均为黑先，请在A～C中选择正确下法。

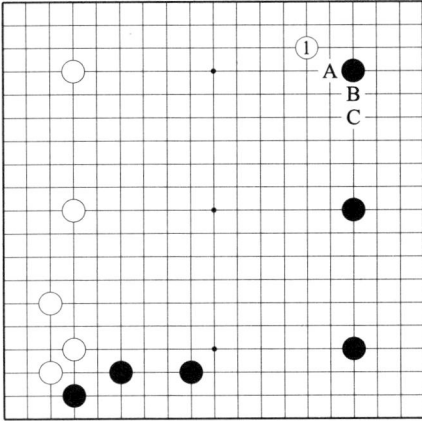

习题21

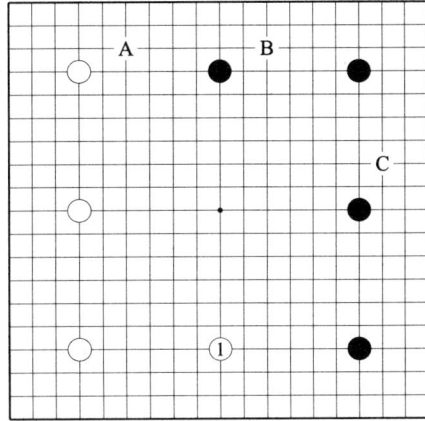

习题22

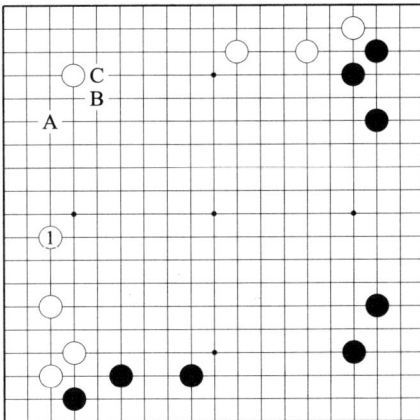

习题23

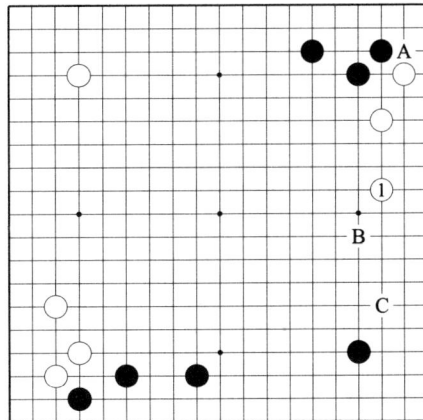

习题24

以下各图均为黑先，请在 A～C 中选择正确下法。

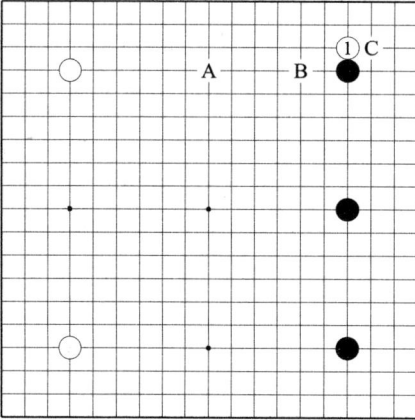

习题25

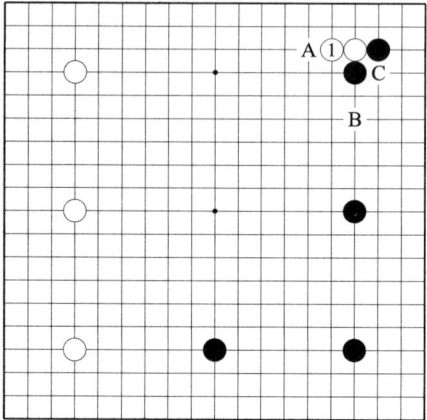

习题26

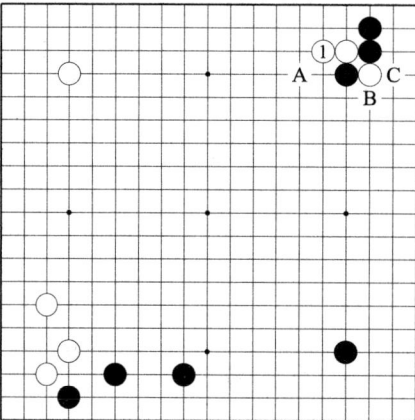

习题27

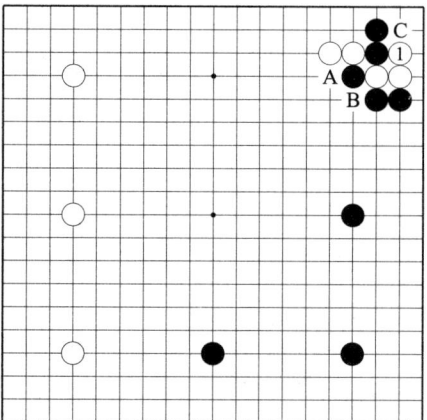

习题28

以下各图均为黑先，请在A～C中选择正确下法。

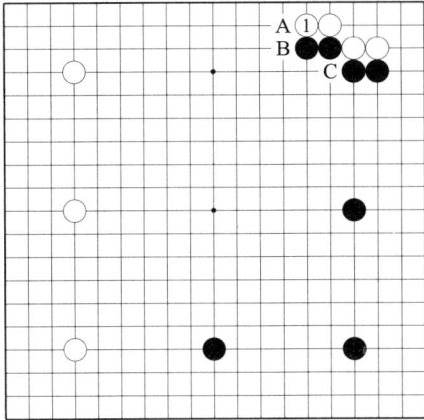

习题29

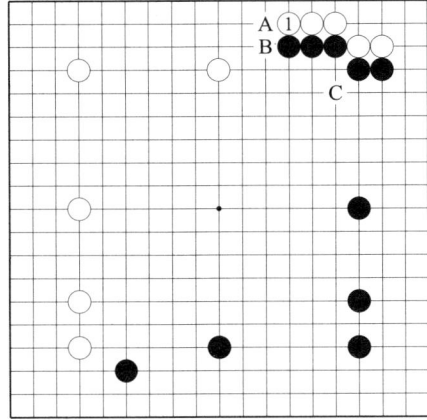

习题30

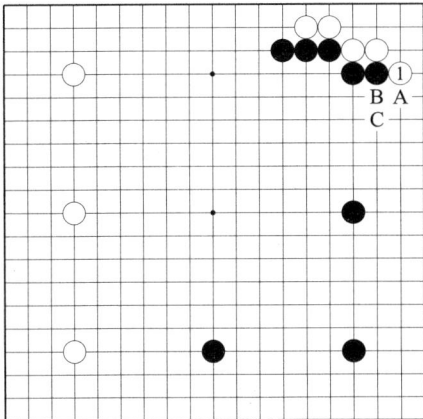

习题31

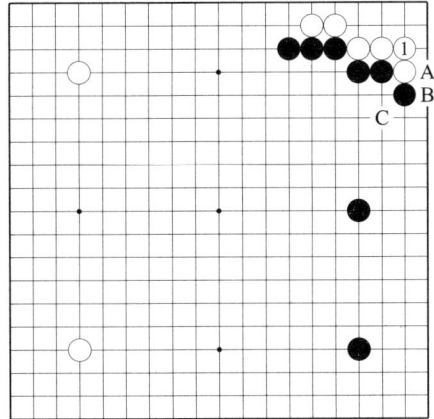

习题32

以下各图均为黑先，请在A～C中选择正确下法。

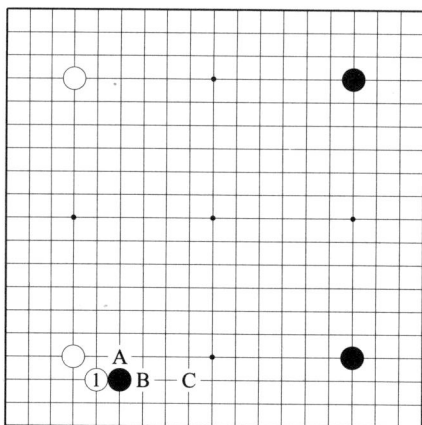

习题33

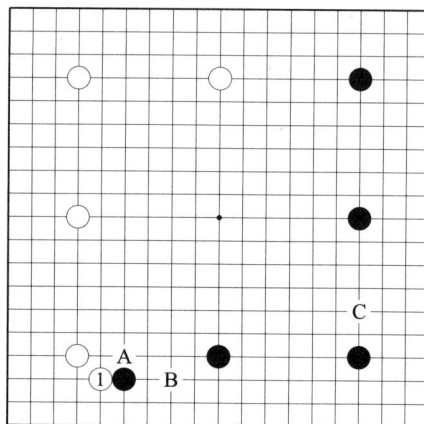

习题34

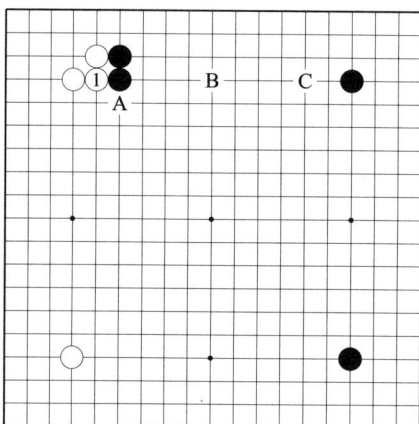

习题35

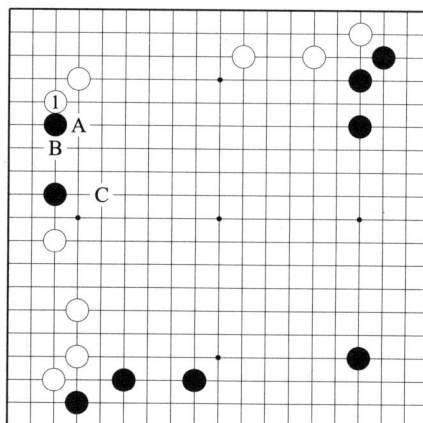

习题36

以下各图均为黑先，请在A～C中选择正确下法。

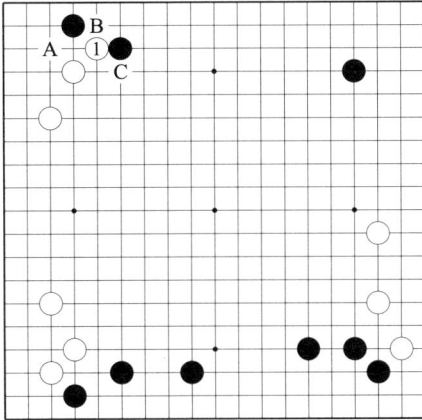

习题 37

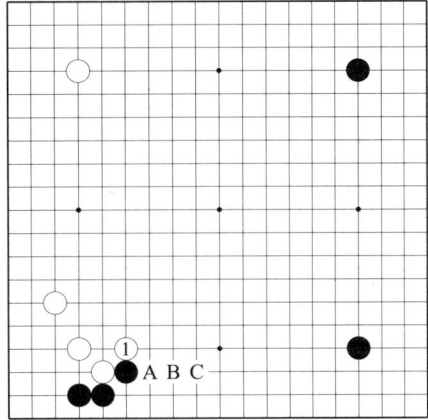

习题 38

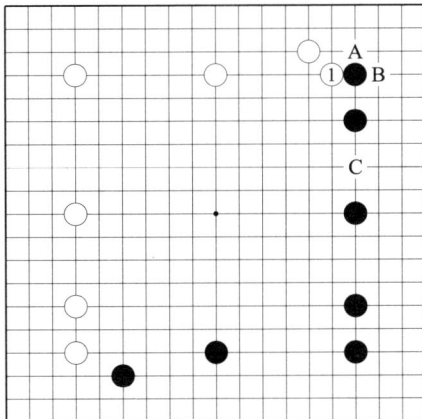

习题 39

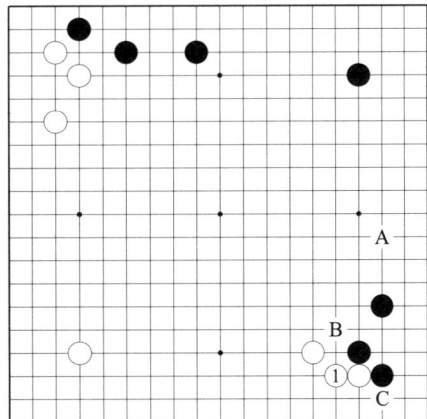

习题 40

以下各图均为黑先，请在A～C中选择正确下法。

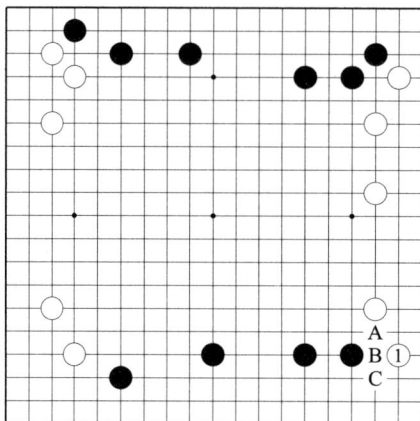

习题41

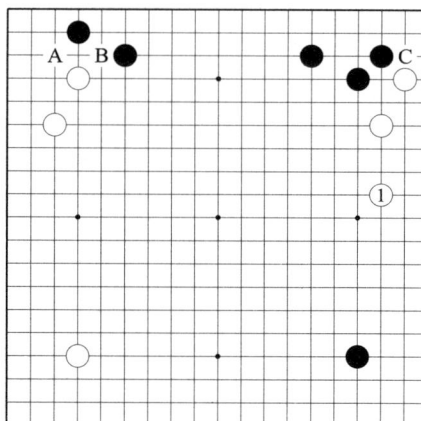

习题42

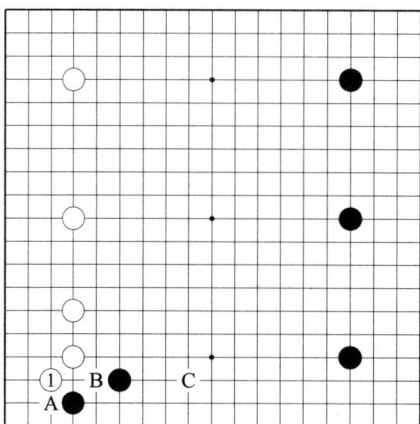

习题43

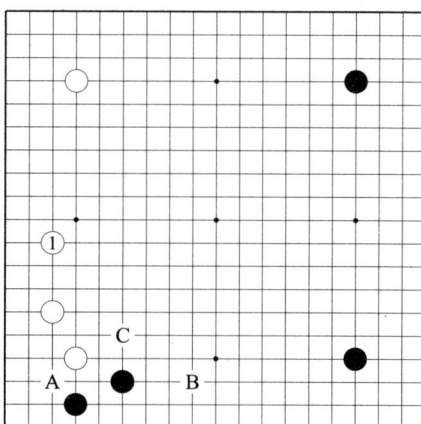

习题44

以下各图均为黑先，请在A～C中选择正确下法。

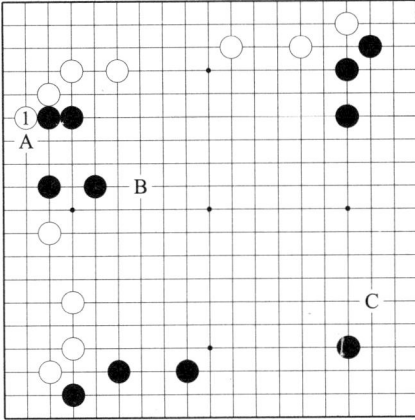

习题45

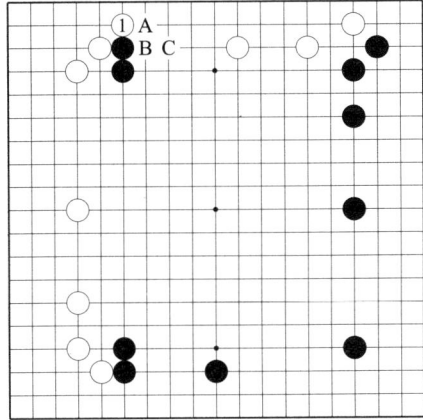

习题46

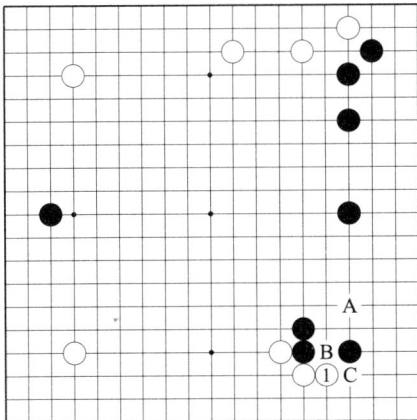

习题47

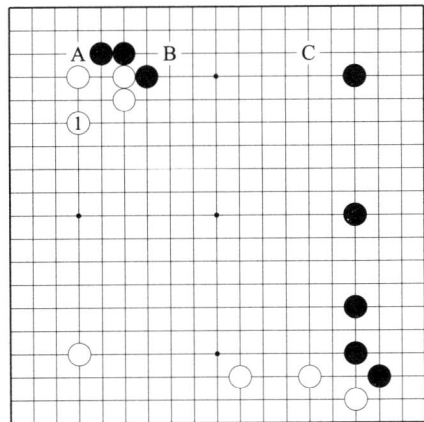

习题48

以下各图均为黑先，请在A～C中选择正确下法。

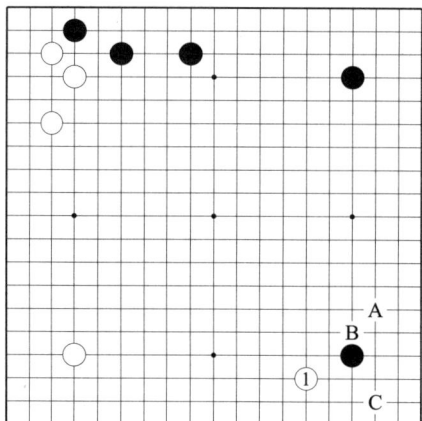

习题49

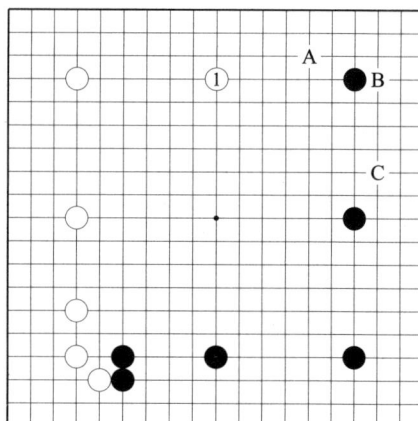

习题50

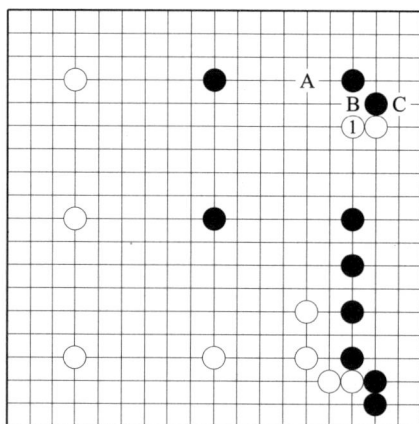

习题51

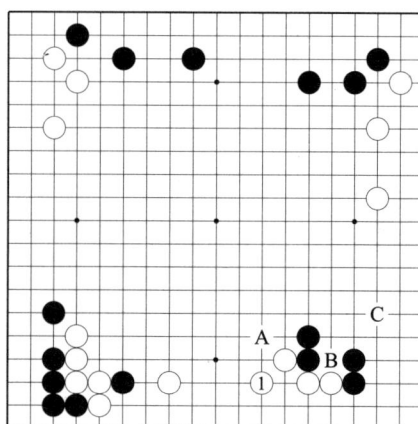

习题52

以下各图均为黑先，请在 A～C 中选择正确下法。

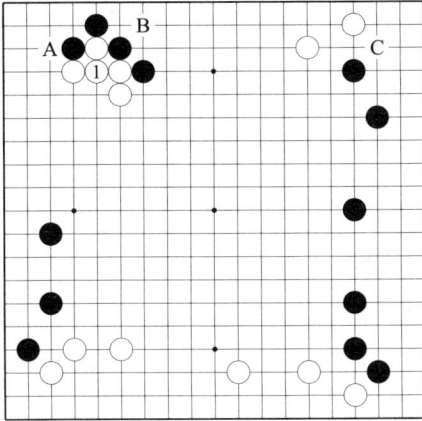

习题 53

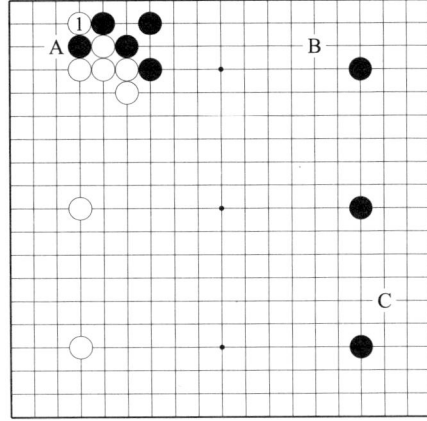

习题 54

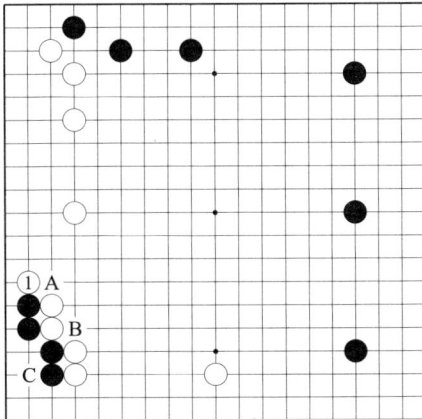

习题 55

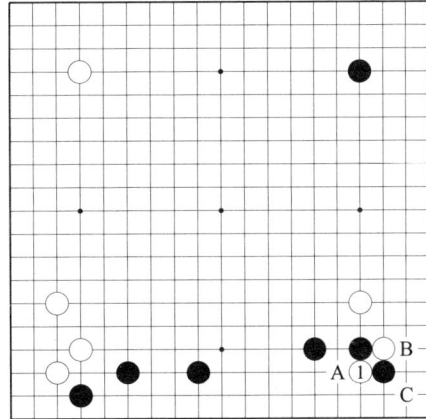

习题 56

以下各图均为黑先，请在 A～C 中选择正确下法。

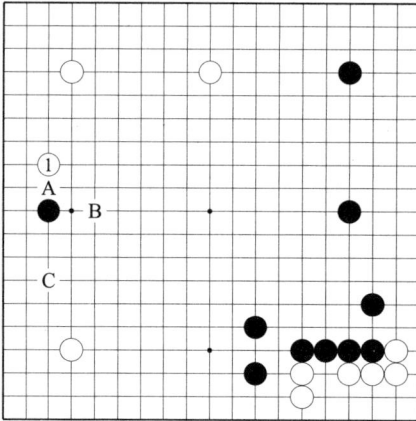

习题 57

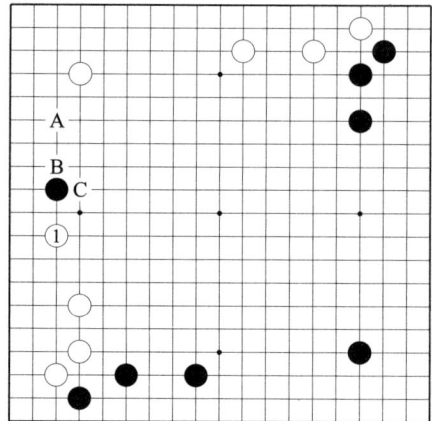

习题 58

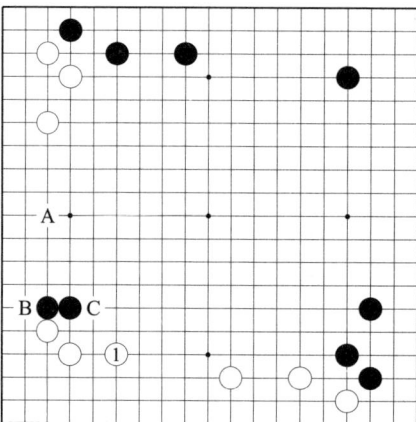

习题 59

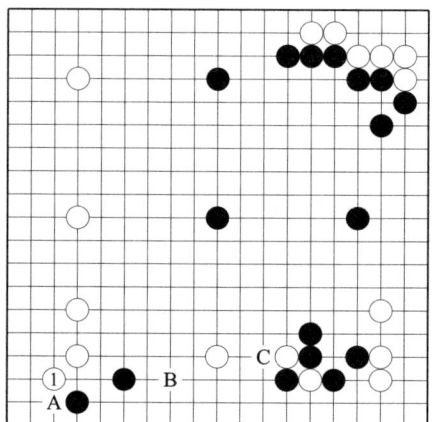

习题 60

练习题解答

习题1 ~习题 4 解答：A，A，B，B

习题5 ~习题 8 解答：A，B，B，A

习题9 ~习题12解答：A，B，B，A

习题13~习题16解答：A，B，A，A

习题17~习题20解答：A，B，A，A

习题21~习题24解答：C，A，A，C

习题25~习题28解答：C，C，B，C

习题29~习题32解答：B，B，A，C

习题33~习题36解答：A，A，A，A

习题37~习题40解答：B，A，A，C

习题41~习题44解答：C，A，C，A

习题45~习题48解答：A，A，C，A

习题49~习题52解答：A，A，A，C

习题53~习题56解答：B，A，A，A

习题57~习题60解答：C，A，A，B

第6章　定式训练

掌握一定数量的定式，是下好布局的必要基础。定式的种类和数量极多，至今仍在不断发展和创新。尤其是随着人工智能的出现，人类的认识也在不断更新和深入。

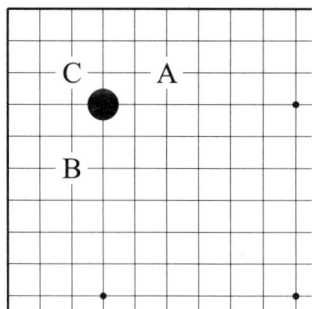

图　1

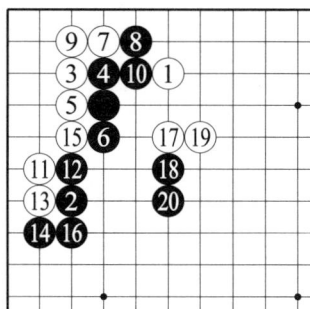

图　2

图1　黑子占星位，由此引出的定式称星定式。对此，白多在A位或B位小飞挂，或者在C位直接点角。

图2　白1小飞挂，黑2大飞守，白3来点角，至黑20告一段落。

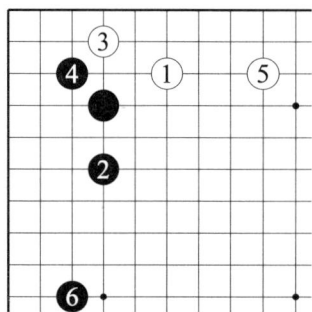

图　3

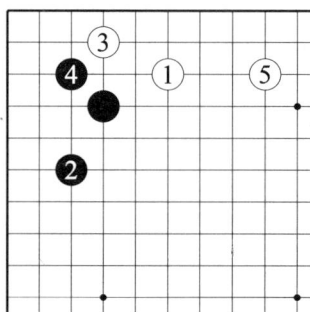

图　4

图3　白1小飞挂，黑2单关守，至黑6告一段落。

图4　白1小飞挂，黑2小飞守，至白5告一段落。

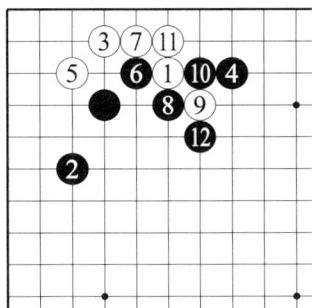

图 5

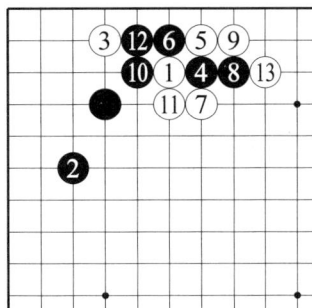

图 6

图5　当白3飞时，黑4不守角而夹攻，也是一种选择。黑4的夹攻，多是以发展上边和扩张外势为目的。此后白5进角，至黑12告一段落。但黑棋这样下是有前提条件的，即黑12须征子有利。

图6　白3飞时，黑4还可能来碰。至白13双方形成转换，黑得到一个大角，白则获得厚势，但黑角里的白3这个子仍有活动的余味。白棋这样下也有前提条件，那就是征子对白棋有利。

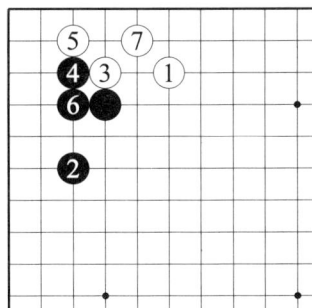

图 7

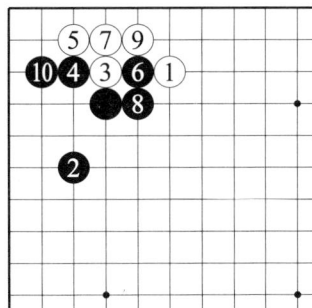

图 8

图7　黑2小飞时，眼下时兴白3托，接着黑4扳，白5则反扳。黑6若简单接上，白7只需虎补，双方相安无事。

图8　白5反扳时，黑6也可打上去，至黑10告一段落。过程中，黑8也可不接而于9位挡下，则成另一种格局。

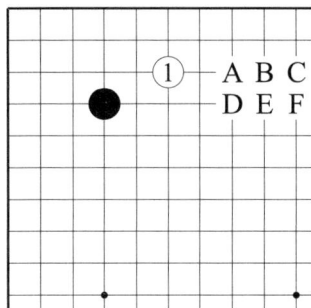

图　9

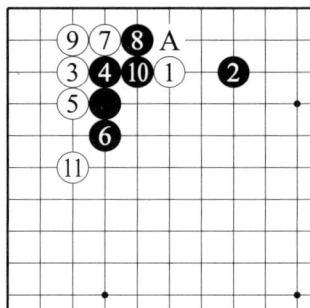

图　10

图9　对付白1挂角，黑除了自身守角之外，还可以采用夹攻的下法，而且夹攻的姿态显得更为积极。夹攻的方式多种多样，如A、B、C位的低夹和D、E、F位的高夹，还分为一间夹、二间夹和三间夹。

图10　黑2一间低夹，白3多点角转身，这是最普通的下法。之中黑10这手棋，现在很多棋手愿改下在A位。

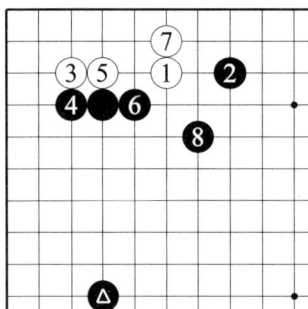

图　11

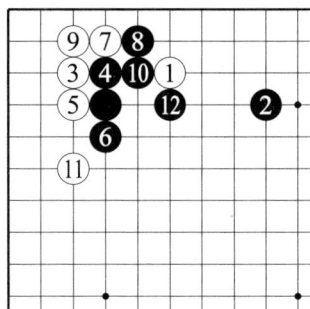

图　12

图11　在有●子配置下，尤其当黑希望采用大模样作战时，面对白3的点角，黑4就应换个方向如本图这样挡了。以下至黑8飞封，虽让白先手得角，但黑势相当可观。

图12　黑2二间高夹，白3照样可以点角转身，以下至白11必然。白11之后，黑12补是本手，黑12也可不补而抢占其他要点。

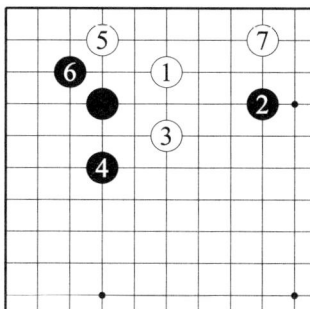

图 13

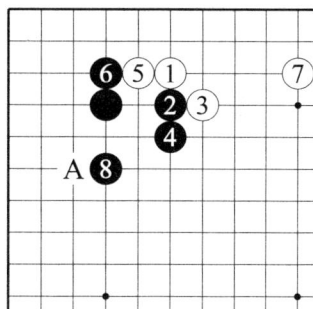

图 14

图13 白3关出，也是定式之一型。黑4不可省，若被白在4位飞封，黑受不了。以后白5、7两飞，就地生根。

图14 白1飞挂时，黑除了自守和夹攻之外，黑2还可以靠压，这种下法又称"倚盖"。本图是靠压定式（倚盖定式）中最普通的下法。其中，黑4也可改下在5位虎，黑8也可改下在A位补。

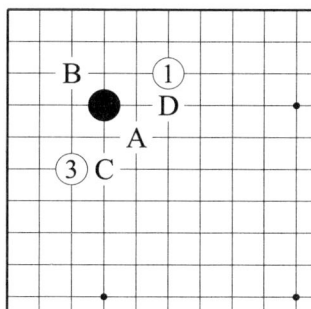

图 15

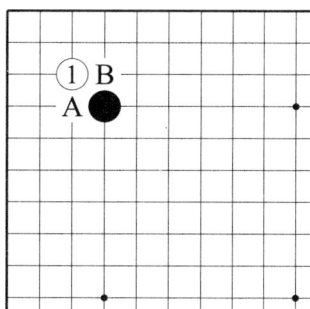

图 16

图15 白1挂后，有时黑2可以不应而他投，于是白3从另侧再小飞挂，这种棋形叫"双飞燕"。此时，黑若A位尖出，白就B位点角；黑若B位尖守，白就A位飞封。更为常见的，是黑选择C位或D位从一侧压出，另有很多变化。

图16 很多人喜欢白1直接在三三点角，则黑选择A或B位从一侧挡，总是黑A挡白就B位长，黑B挡白就A位长。

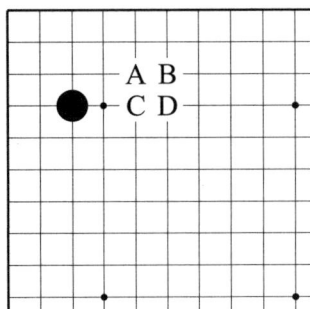

图 17

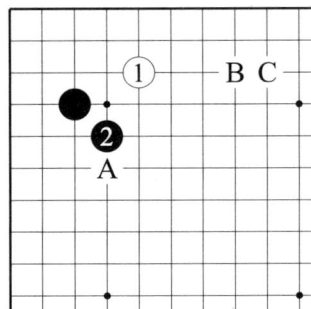

图 18

图17 黑子占小目，由此引出的定式称小目定式。对小目的挂角分低挂和高挂，A和B位是低挂，C和D位是高挂。

图18 白1小飞挂，黑2小尖应，黑2这手棋也可宽一路在A位飞。这样的应法很坚实，很多棋手都喜欢这样下。之后白多会在B位或C位拆，从而在边上建立根据地。

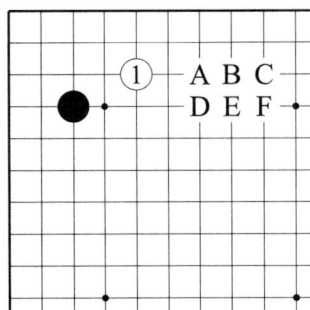

图 19

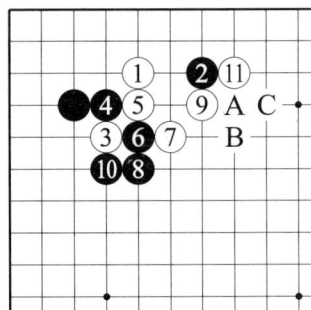

图 20

图19 与占星位后对付小飞挂一样，小目对小飞挂也常采用夹攻，并且也有A、B、C位的低夹和D、E、F位的高夹之分。

图20 如黑2一间低夹，白3如图飞压，黑4、6冲断为常见下法。至白11，可谓两分。若黑不甘于本图这样平和，黑10也可改在图中A位扳，则白B位虎，黑C位长，变化将十分复杂。

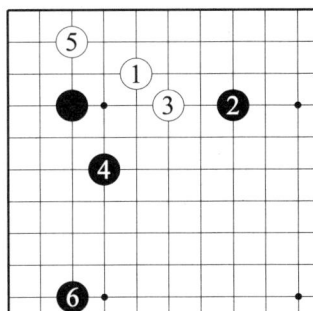

图 21

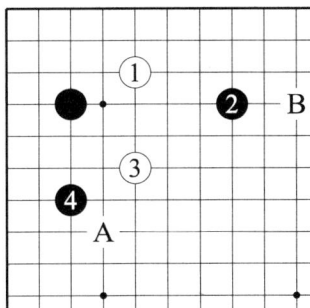

图 22

图21 又如黑2二间高夹，双方至黑6，是常见的棋形。

图22 对二间高夹，白3可二间跳出，对此，黑4拆二最为普通。其后，白可继续走A位飞既压低对方又扩张自身，也可立即走B位反夹，或者干脆在此处脱先。

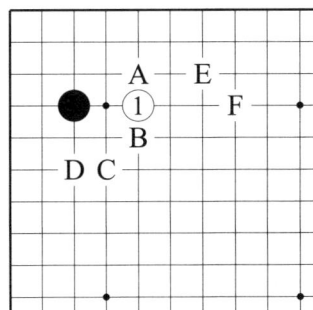

图 23

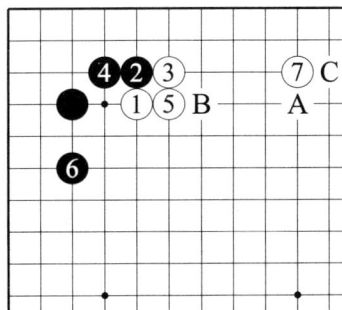

图 24

图23 现在白1是一间高挂。对付白1，黑的应法很多，包括A位下托、B位上靠、C位飞、D位跳，也可以采用夹攻的下法，例如E位的一间低夹和F位的二间高夹。

图24 本图展示的是黑2、4托退的基本定式。白7遵循的是"立二拆三"的拆边口诀，也可高一路拆在A位。另外，白5可改在B位虎，于是白7可随之远一路在C位拆。

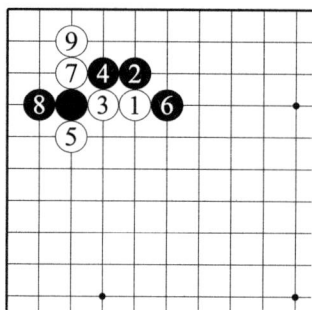

图   25

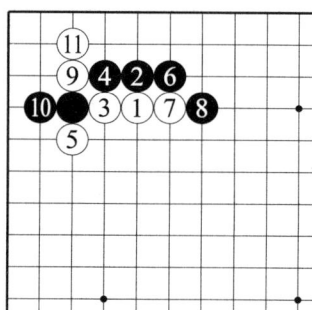

图   26

图25   黑2托后，白3顶也是一法，以下至白9，演变成非常复杂的"小雪崩"定式。

图26   黑6多长一手，然后黑8扳，至白11，则演变成非常复杂的"大雪崩"定式。

关于"小雪崩"和"大雪崩"的变化，想用三言两语说个大概其都难，这里只能点到为止。

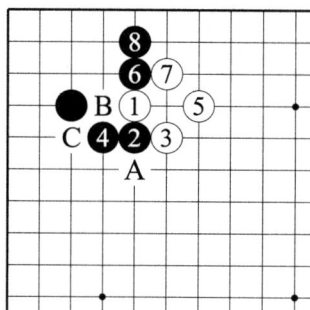

图   27

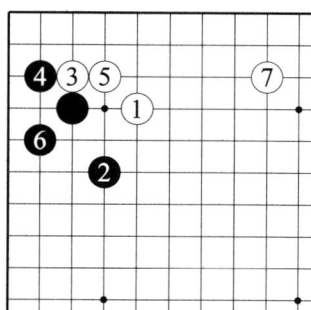

图   28

图27   对白1高挂，黑2还可上靠。至黑8，黑控制住角地。当黑希望围左边时，黑4可改在A位长，以下白B、黑C，成另一格局。

图28   对白1高挂，黑2飞应也是一法。至白7拆，双方各占一边，黑简洁地先手告一段落。其中，白7视情况也可少拆一路。

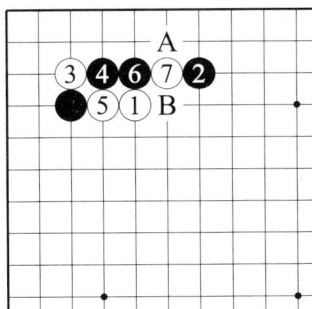

图 29

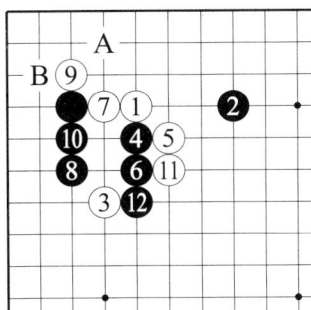

图 30

图29 对白1高挂，黑采用夹攻的下法是另一定式类型。黑2是一间低夹，如至白7挖时，黑可A位下打或B位上打，各有不同变化。

图30 黑2是二间高夹，若白3大飞罩，便走成了富于变化的"妖刀"定式。不妨把本图视为诸多变例的主型，黑12之后，白或在A位虎，或在B位立下，各有不同演变，且与征子关系相关。

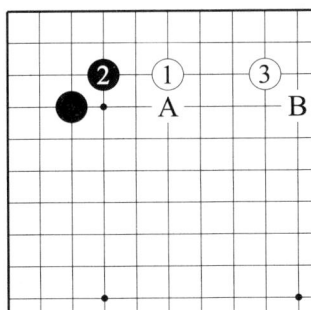

图 31

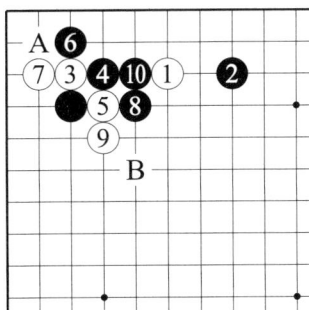

图 32

图31 低挂除小飞挂外，还有大飞挂。白1就是大飞挂，大飞挂显得从容不迫。白1若高一路在A位挂，则为二间高挂，二间高挂也常能见到。对大飞挂，黑2尖守角，白3则拆二或在B位拆，双方相对平和。

图32 对大飞挂，也可黑2一间低夹，以下至黑10，双方形成转换。之后，白多在A位拐，黑则在B位跳封。

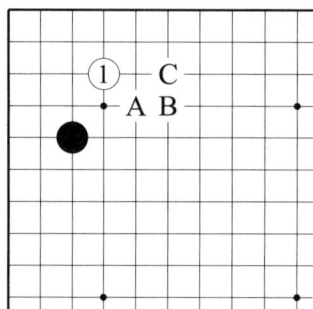

图 33

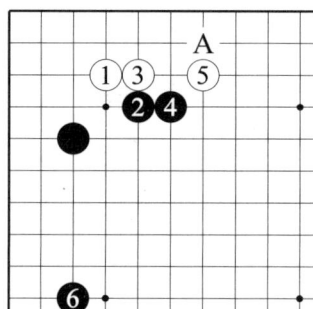

图 34

图33 黑子占目外，由此引出的定式称目外定式。对目外，白1通常都是在小目位置上挂。对此，黑可走A位飞压、B位飞罩或C位夹攻。

图34 黑2飞压时，白大多在三路爬，至黑6大拆，黑取势，白取地。现在有些棋手，愿把白5跳出改为在A位飞。

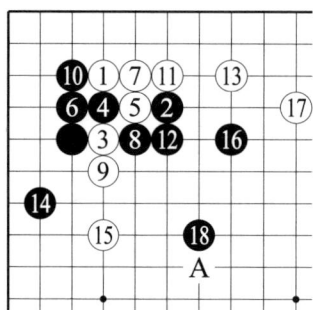

图 35

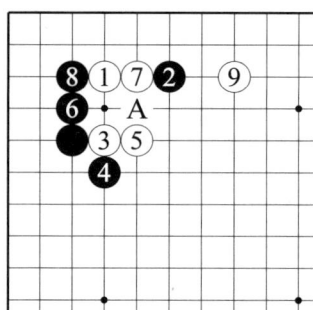

图 36

图35 黑2大飞罩，变化就更多了。白3压出，黑4挖，走成了"大斜"定式。"大斜"究竟有多少变例，谁也难说清楚。人们只知道有"大斜百变"的习惯说法，可见其变化之多。可把本图看作是"大斜"定式的基本型，图中的黑18也有远一路下在A位的。

图36 黑2夹攻也是一法。白3同样可以压出，至白9，黑舍弃黑2一子而先手占角。白3也可改下A位，另有许多变化。

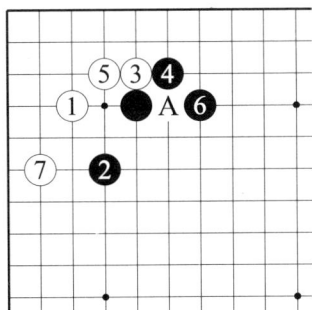

图 37

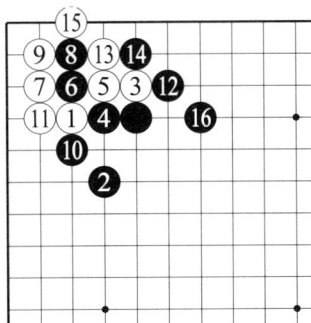

图 38

图37　黑子占高目，由此引出的定式称高目定式。对高目，白1通常也是在小目位置上挂。对此，黑2飞是取势下法，白3则托角。白7飞很大，但当别处更急时，这手棋可不走。过程中，黑6或在A位粘。

图38　当白3托时，黑4可顶，然后6断、8长，是连贯的下法。至黑16，黑运用弃子战术，把外势走得更加强大。

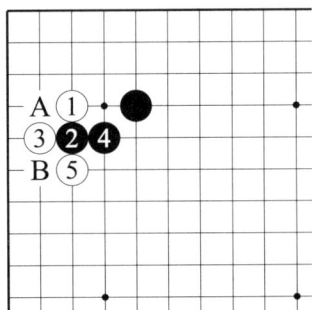

图 39

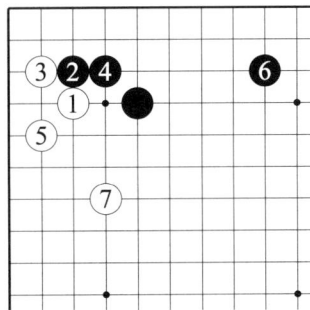

图 40

图39　黑2外靠也是一法。对此，白3总是扳，黑4则拉回一子。白5扳起后，倘若黑在A位或B位断，白就二路打吃掉首先来断的黑子。白5这手棋，也可改在B位长出。

图40　黑2内托又是一法，于是黑高目转为重在取地。至白7，双方各围一侧，均无不满。

147

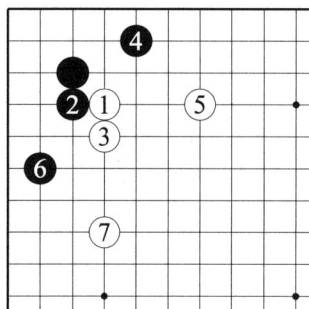

图　41

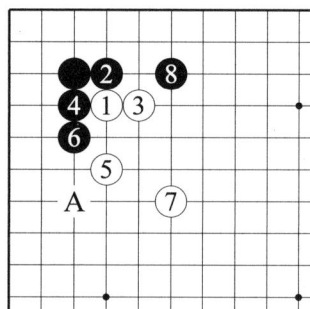

图　42

图41　黑子占三三，由此引出的定式称三三定式。对三三，白1尖冲最为普遍。黑2总是要长的，但从左边长还是从右边长就要根据周围情况来定。至白7，黑一心一意取地，白则全心全意取势。

图42　黑4不飞而曲，也常能看到。至黑8跳出，双方仍然是平分秋色。根据周围子力情况，黑8也可选择A位跳。

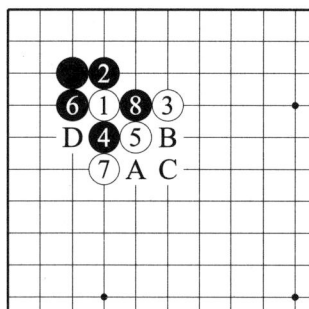

图　43

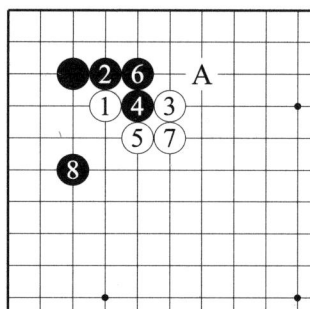

图　44

图43　当黑2向一侧长时，白3跳也常被采用。接下来黑4若夹，白5就虎。黑8提后，白可视情况需要，决定是A位或B位接还是C位双虎。过程中，黑6也可改在D位立。

图44　黑4、6挖接，不失为对付白3跳的有力下法，至黑8告一段落。黑8也可选择从A位跳出。

练习题

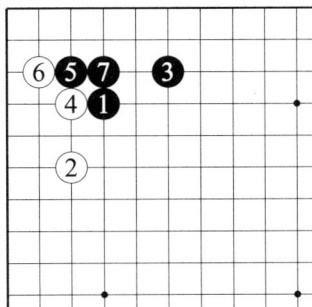

习题1

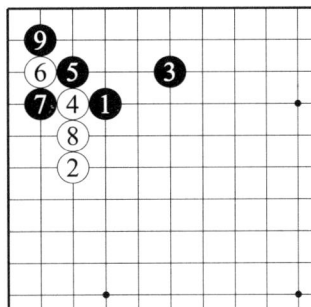

习题2

习题1　现在棋手喜欢白4托的下法，黑5总是扳，白6又总是反扳。此时，黑7接最为平和。接下来，你知道白棋该怎么下吗？

习题2　当白6反扳时，或许黑7打吃后再黑9二路吃住白6一子。接下来，你知道白棋该怎么下吗？

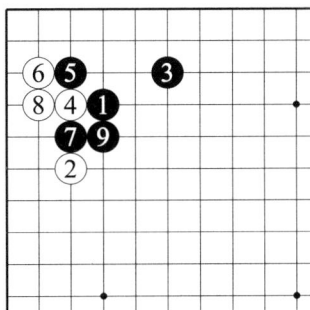

习题3

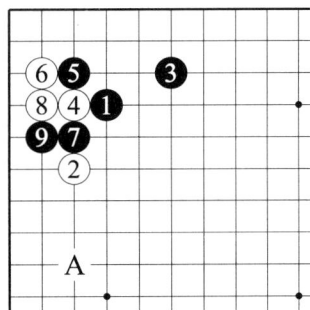

习题4

习题3　当白6反扳时，黑7打吃后再黑9接住的下法更为常见。你知道接下来双方该如何应对吗？

习题4　即便是同一种下法，也会生出不同的变化。当白6反扳时，黑7打吃之后，黑9还可能贴下来，当然这样下多在A位一带有黑子的情况下。这时候，你知道接下来双方该如何应对吗？

以下各图均为黑先，请在A和B中选择正确下法。

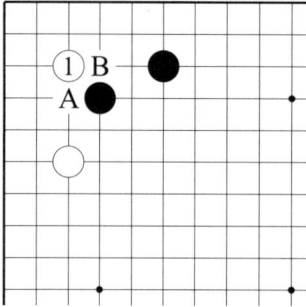

习题5

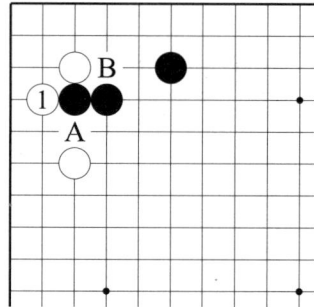

习题6

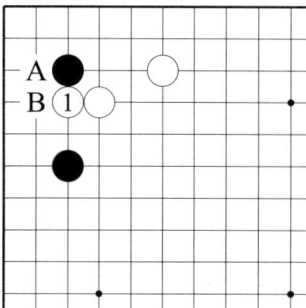

习题7

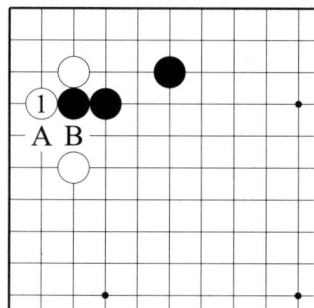

习题8

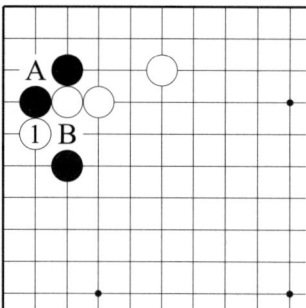

习题9

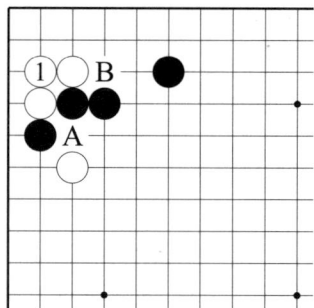

习题10

以下各图均为黑先，请在 A 和 B 中选择正确下法。

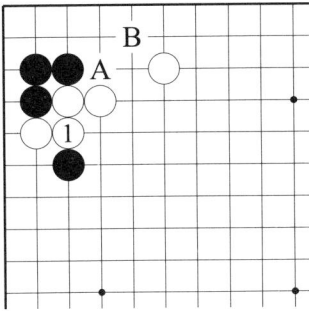

习题11

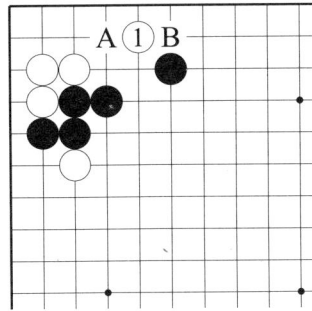

习题12

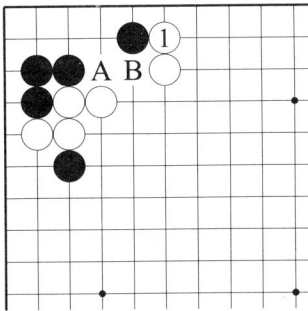

习题13

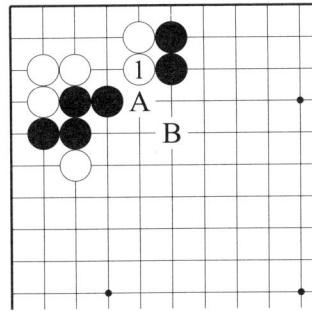

习题14

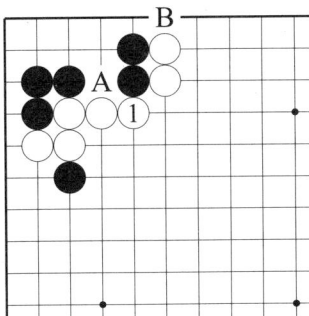

习题15

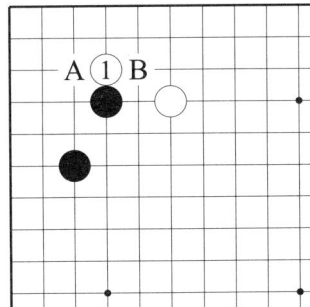

习题16

以下各图均为黑先，请在A和B中选择正确下法。

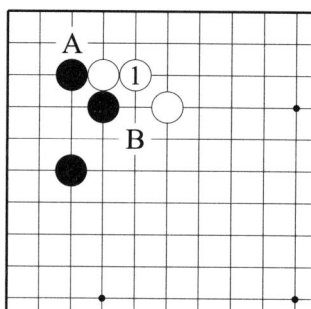

习题17

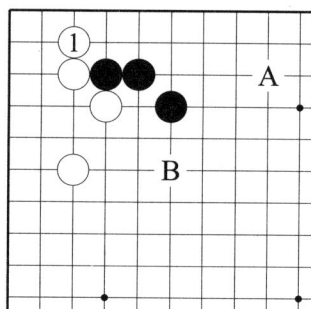

习题18

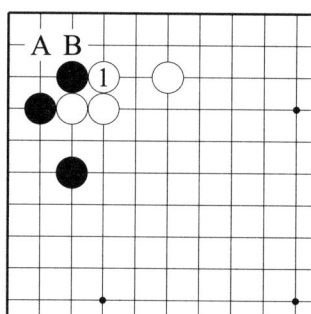

习题19

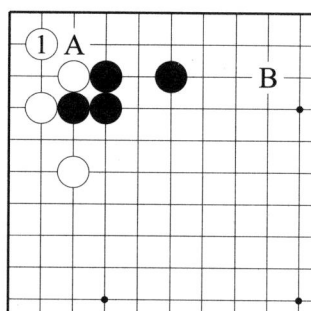

习题20

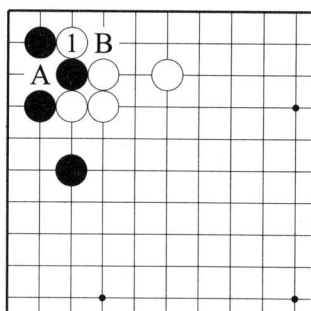

习题21

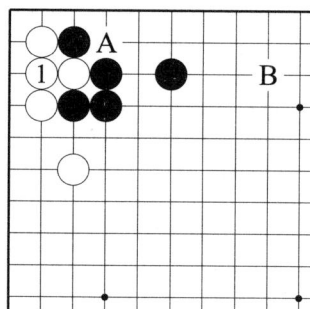

习题22

以下各图均为黑先，请在A和B中选择正确下法。

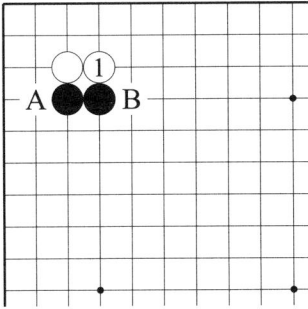

习题23

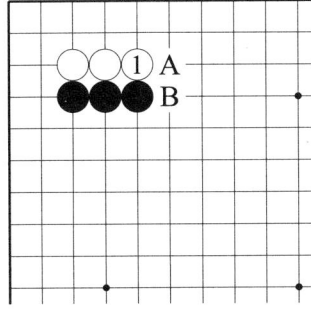

习题24

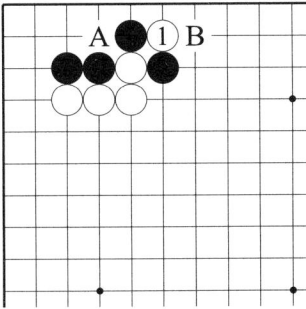

习题25

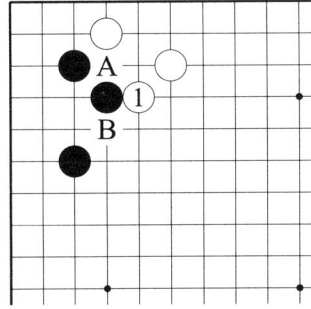

习题26

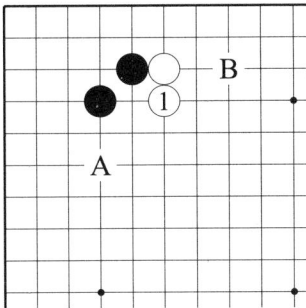

习题27

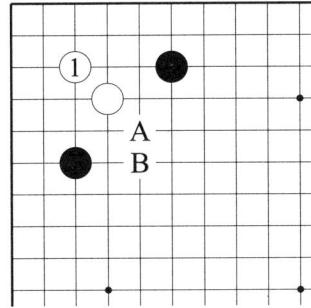

习题28

以下各图均为黑先，请在A和B中选择正确下法。

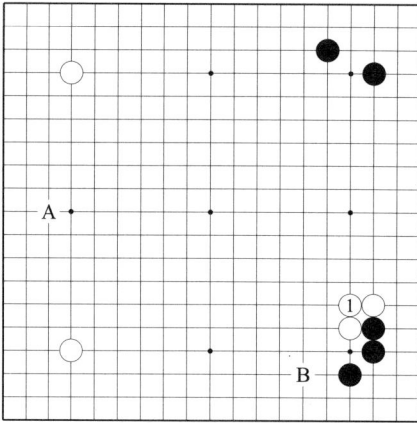

习题29

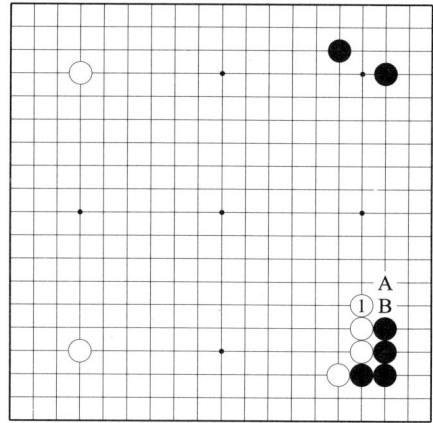

习题30

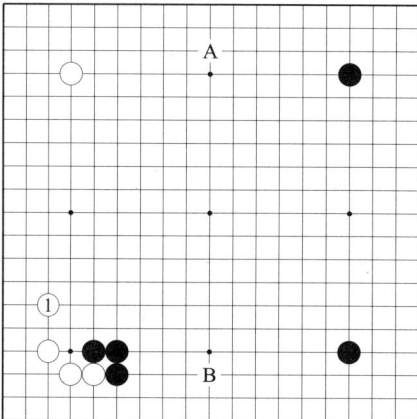

习题31

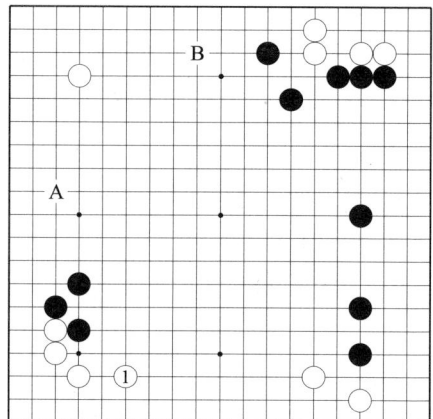

习题32

练习题解答

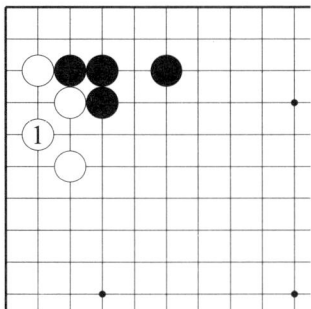

习题1解答

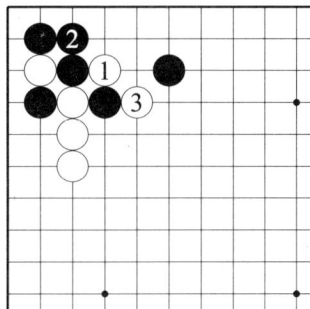

习题2解答

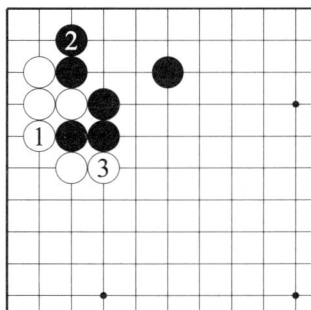

习题3解答

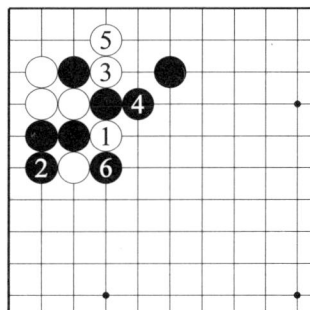

习题4解答

习题5 ~习题10解答：A，B，B，A，A，A

习题11~习题16解答：B，B，B，A，A，A

习题17~习题22解答：A，A，A，A，A，B

习题23~习题28解答：B，A，B，A，A，A

习题29~习题32解答：B，A，B，A

第7章 杀气训练

在你死我活的肉搏战中，可以说对杀是最基本的作战。凡对杀，必定是双方的棋都没有两只眼。是黑杀白还是白杀黑，取决于气的长短。

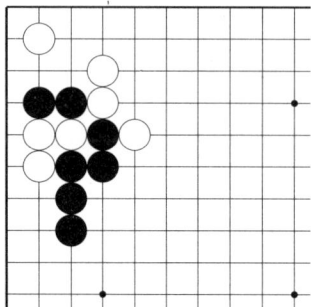

图 1

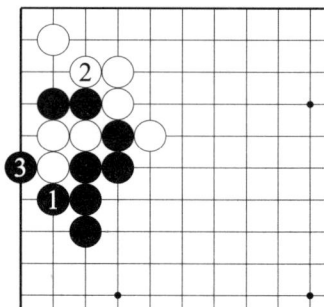

图 2

图1 黑二子和白三子之间杀气，双方都有三口气，黑该如何下？

图2 黑1必须赶紧紧气，至黑3，黑杀白。在双方的气一样多时，先下手为强。

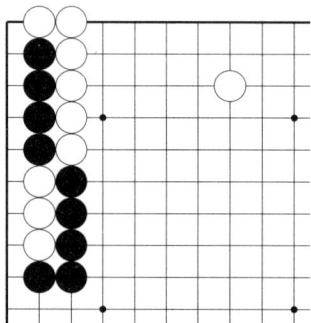

图 3

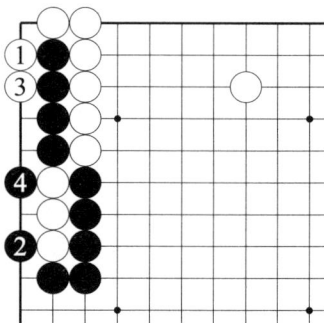

图 4

图3 黑四子和白三子之间杀气，黑四口气，白三口气，黑该如何下？

图4 黑可暂不在这里行棋，即使白1先动手，至黑4，也是黑杀白。气多的一方可以杀掉气少的一方，这叫"气多杀气少"。

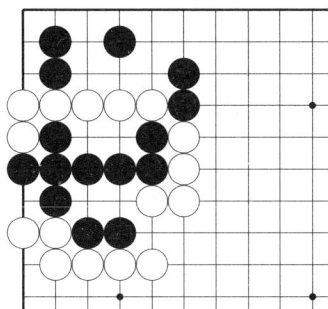

图 5

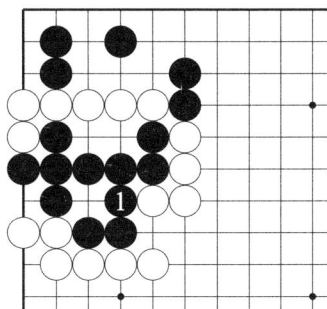

图 6

图5 请你看清楚，现在是黑白两块棋之间在杀气。如果能一举将对方全歼，离胜利就不远了。黑先，该如何下？

图6 黑1先做出一只眼，而白棋却没地方去做眼。黑有了这只眼，本图黑刚好可以杀白。若双方的公气多，有眼的一方就更没问题了，这叫"有眼杀无眼"。

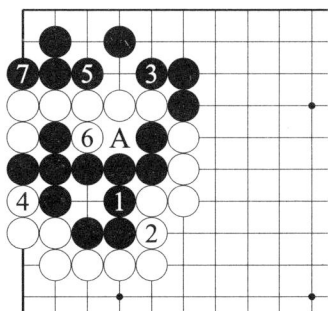

图 7

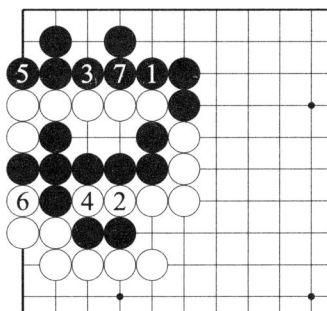

图 8

图7 我们来证实一下。黑1做眼，白2开始紧气，至黑7，A位白已放不进去，结果黑杀白。

图8 黑1若不做眼而直接收气，结果至黑7，黑只能后手双活，而且还送出两个子给白棋吃。黑3要是改在4位接两子，那么黑整块棋都要被杀，连双活都混不上。

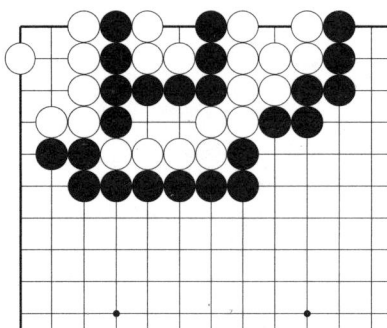 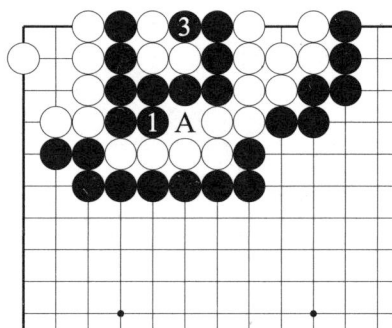

图　9　　　　　　　　　　　　　图　10

图9　黑、白两块棋之间杀气，双方各有一眼，黑该如何下？

图10　黑不必再在这里行棋，黑棋已经把白棋吃到手了。虽然黑、白各有一只眼，但白只是一只标准的小眼，黑却有一只大眼，黑早晚可杀掉白棋，这叫"大眼杀小眼"。下面只是把具体的杀法演示一下。黑1紧气，白2无棋可走，此时A位谁也不敢进入。黑3提白三子。

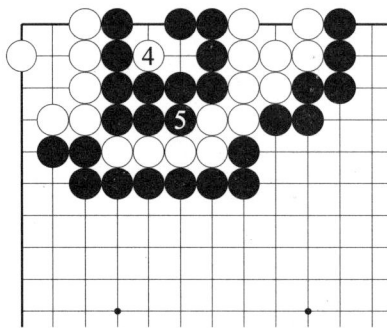 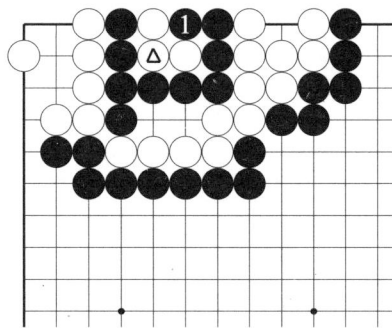

图　11　　　　　　　　　　　　　图　12

图11　接上图，白4点进去，黑5紧气杀。须知，上图和本图的这个杀白过程，在实战中是不可能出现的，因为对局双方都明白"大眼杀小眼"的道理，只等局终数子时把已经死掉的白子拿出盘外就是了。

图12　不过，黑1切不可先去提白三子。若黑1先提，则白于△位点，黑棋的大眼就变成了小眼，这里也变成了双活。

练习题

以下各图均为黑先，请在A～C中选择正确下法。

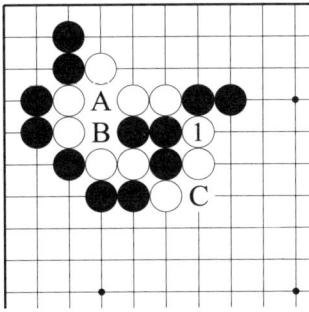

习题1

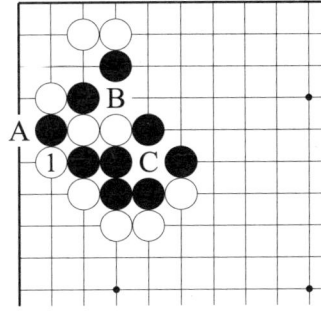

习题2

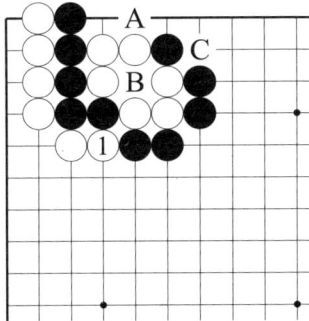

习题3

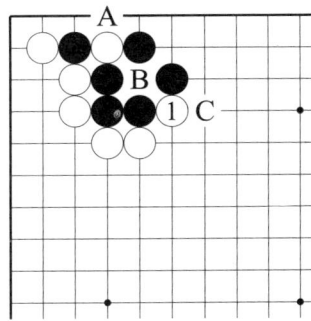

习题4

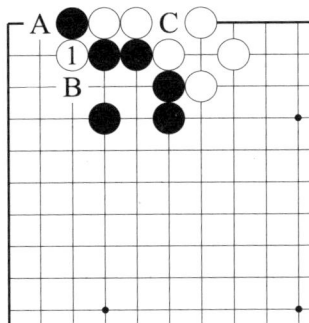

习题5

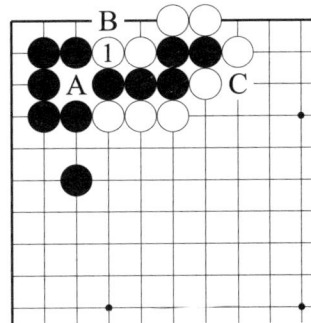

习题6

以下各图均为黑先，请在A～C中选择正确下法。

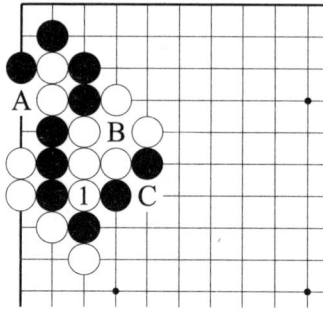

习题7

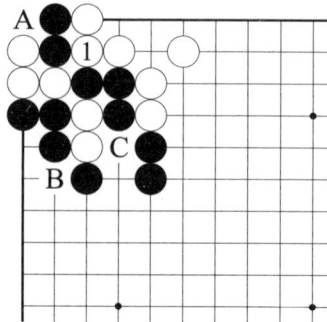

习题8

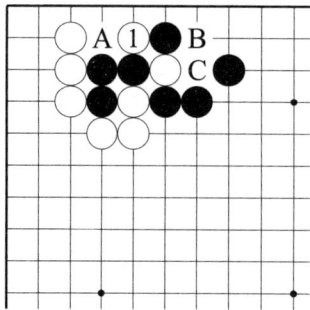

习题9

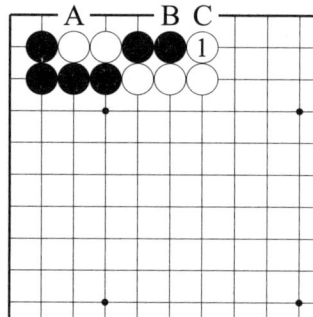

习题10

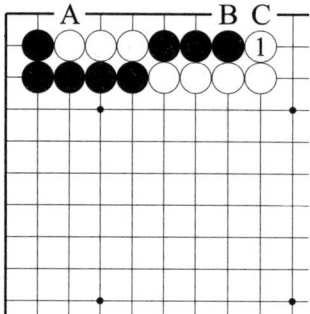

习题11

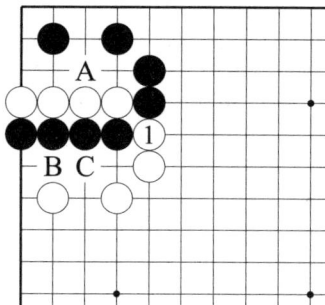

习题12

以下各图均为黑先，请在A～C中选择正确下法。

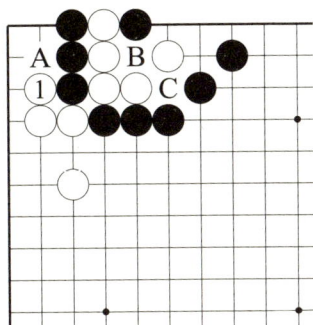

习题13

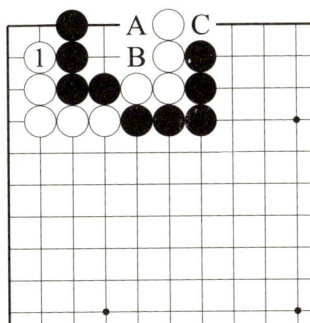

习题14

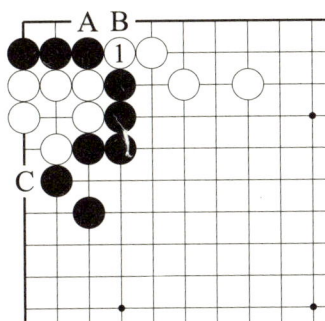

习题15

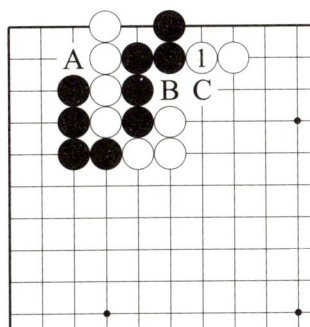

习题16

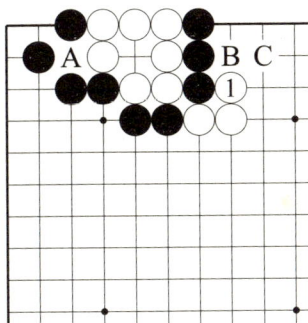

习题17

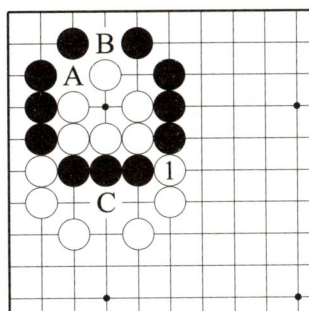

习题18

以下各图均为黑先，请在A和B中选择正确下法。

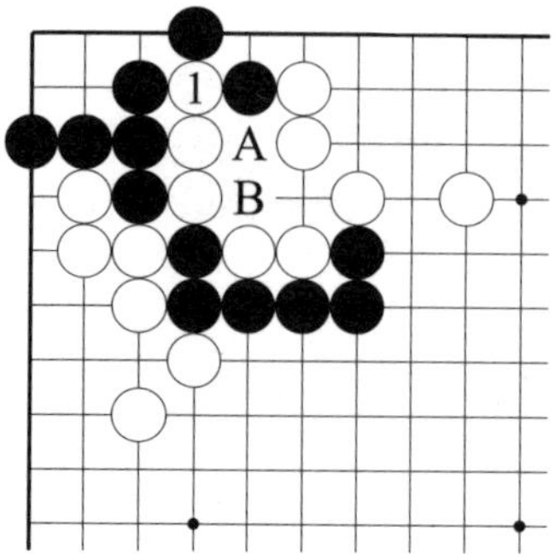

习题19

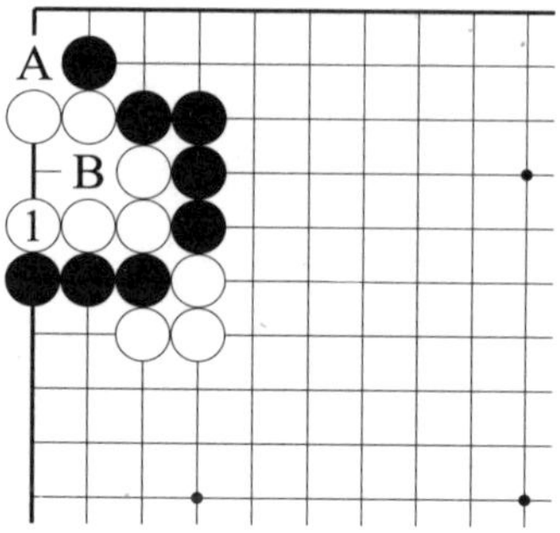

习题20

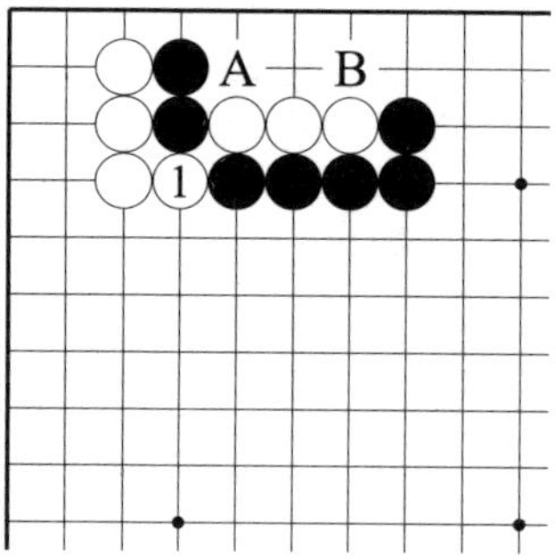

习题21

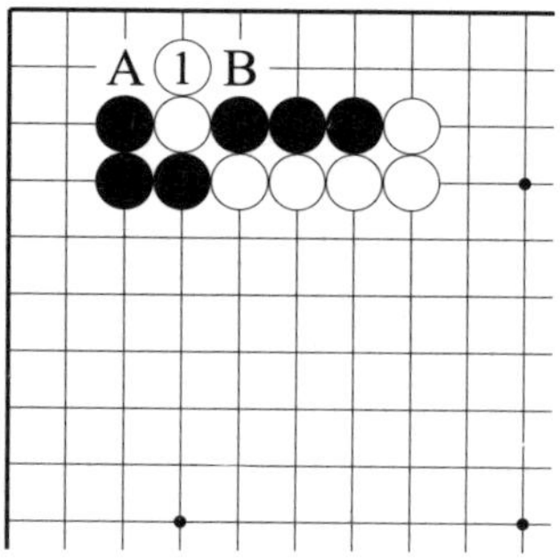

习题22

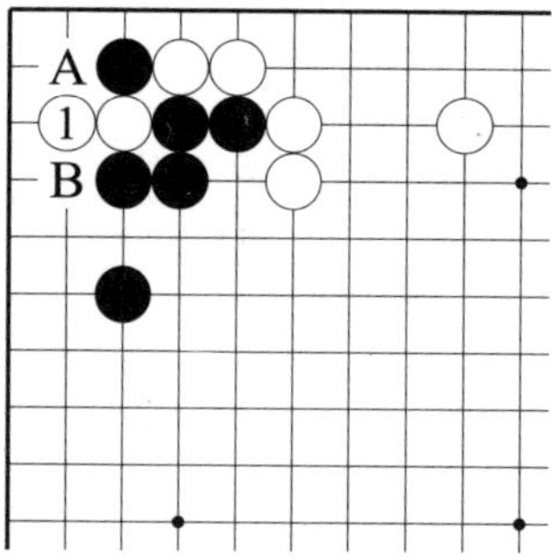

习题23

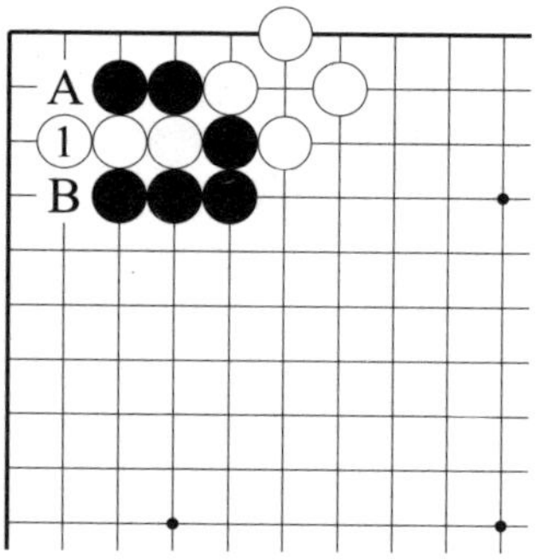

习题24

以下各图均为黑先，请在 A 和 B 中选择正确下法。

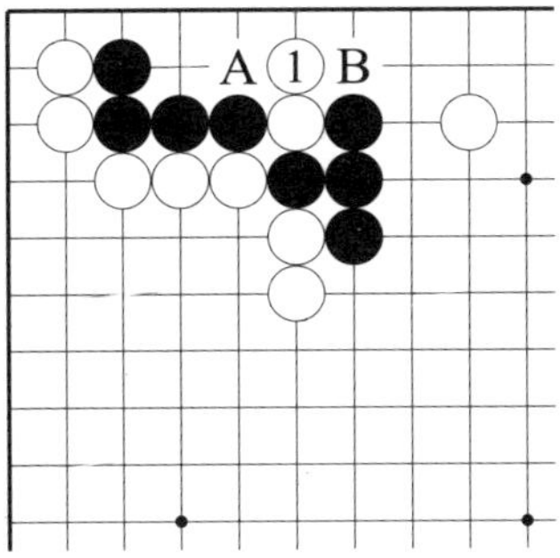

习题 25

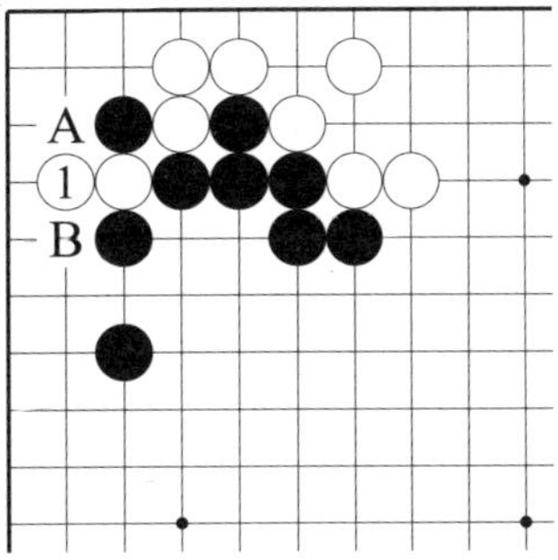

习题 26

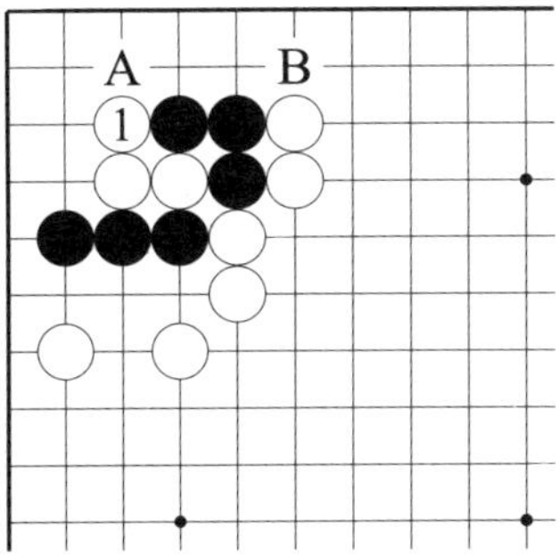

习题 27

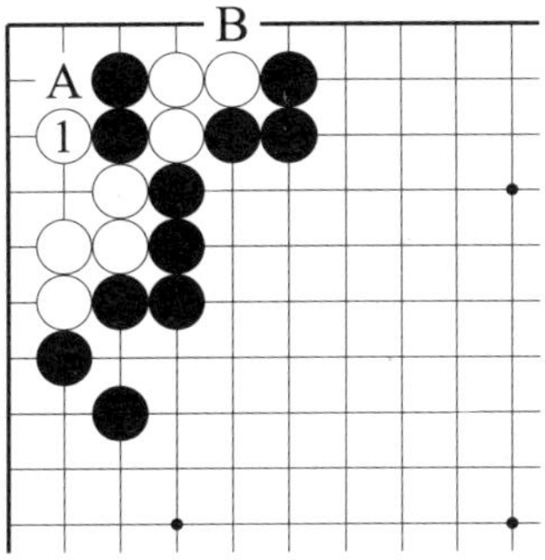

习题 28

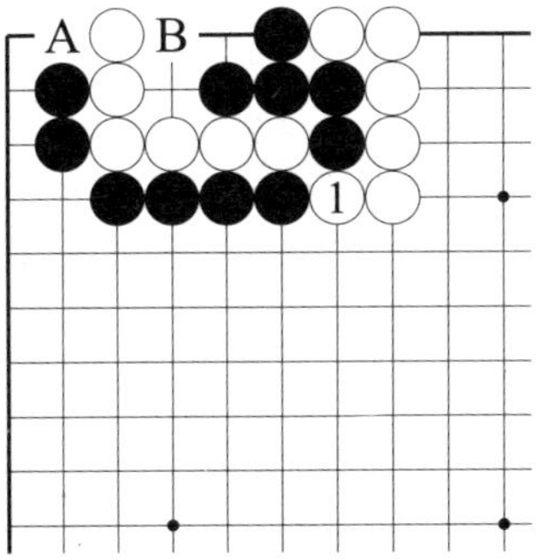

习题 29

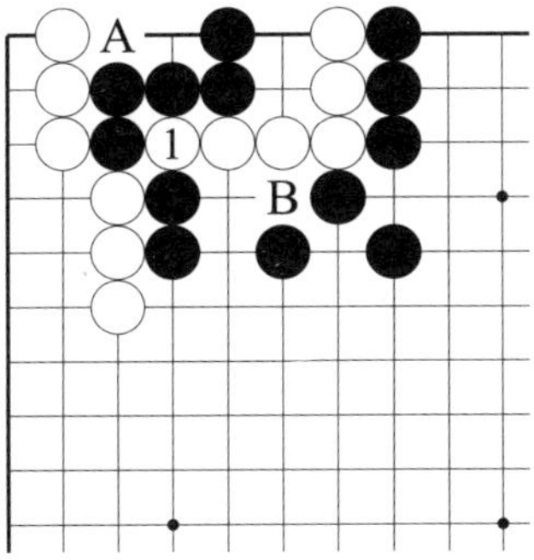

习题 30

以下各图均为黑先，请在 A 和 B 中选择正确下法。

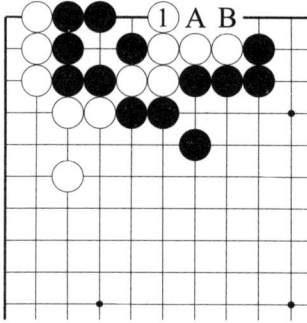

习题31

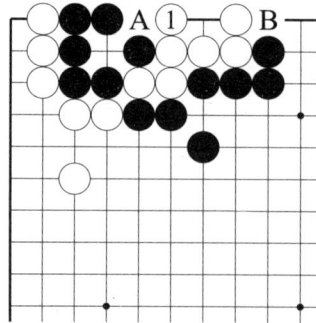

习题32

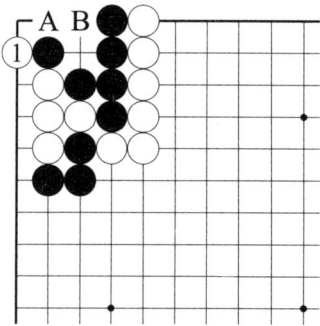

习题33

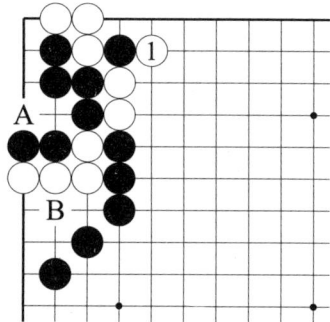

习题34

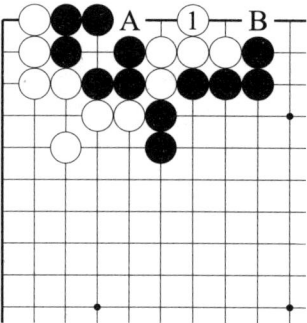

习题35

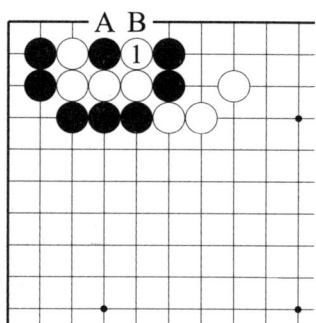

习题36

以下各图均为黑先，黑能在对杀中取胜吗？

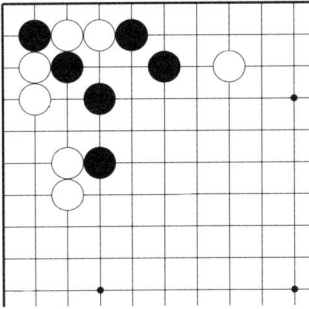

习题37

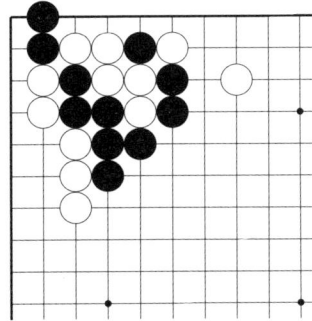

习题38

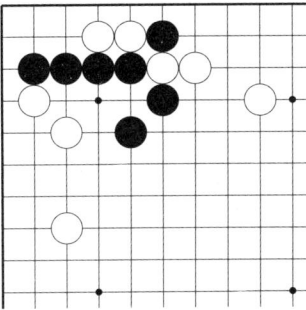

习题39

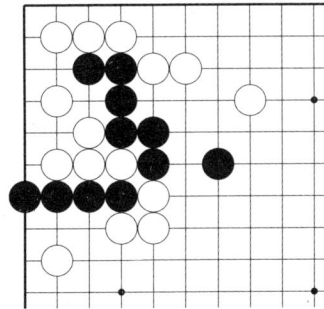

习题40

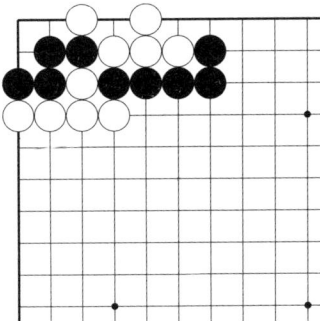

习题41

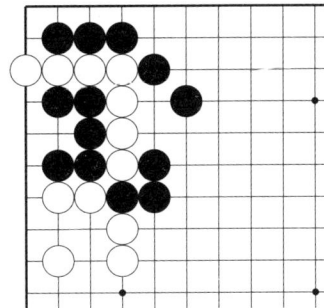

习题42

练习题解答

习题1~习题 6 解答：B，B，B，A，C，A

习题7~习题12 解答：B，A，C，A，A，A

习题13~习题18 解答：C，C，C，A，A，A

习题19~习题24 解答：A，B，A，B，A，A

习题25~习题30 解答：A，A，A，A，B，A

习题31~习题36 解答：B，B，A，A，A，A

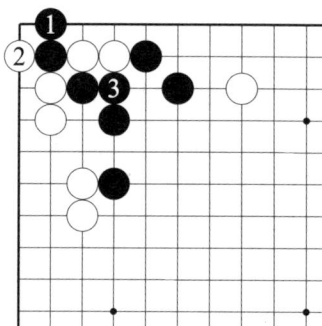

习题37解答

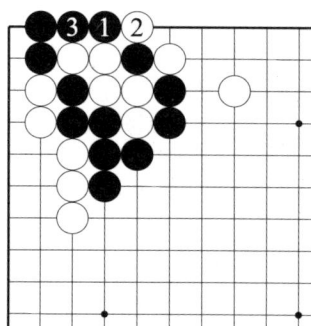

习题38解答

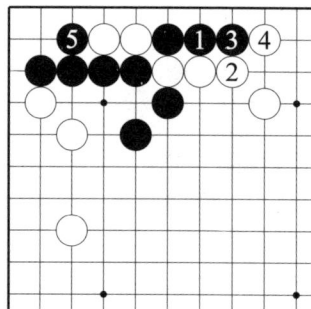

习题39解答（正解）

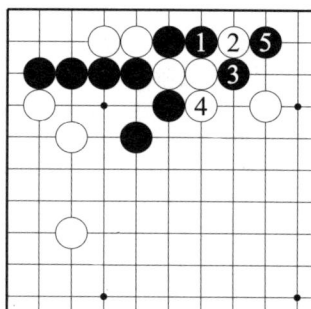

习题39解答（参考）

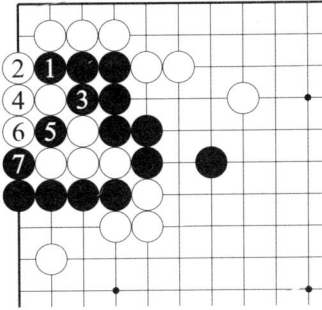

习题40解答（正解）

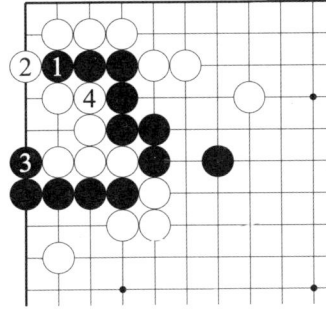

习题40解答（失败）

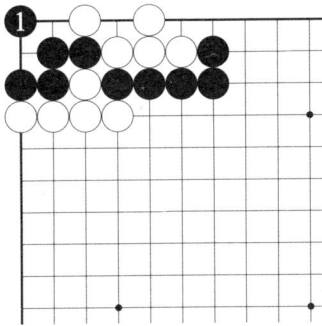

习题41解答（正解）

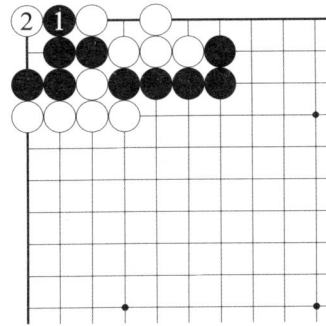

习题41解答（失败）

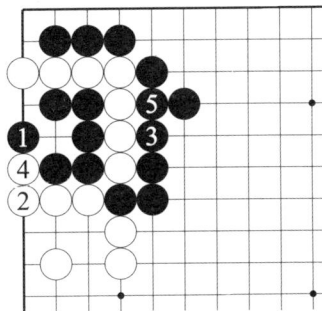

习题42解答（正解）

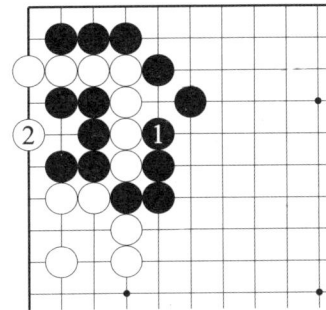

习题42解答（失败）

第8章 打劫训练

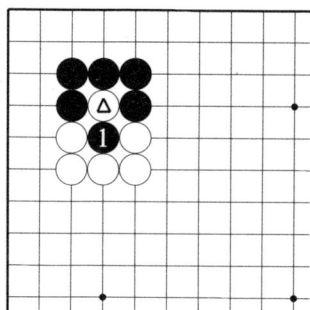

图1 这是劫的最简单的形式，称单劫。黑1提，不过区区一子而已。通常黑不会急于提白△一子，即使黑1提子，白也不会在这里与黑纠缠。这种劫只有到了单官阶段（即盘上已无目可占时）才打得起来。

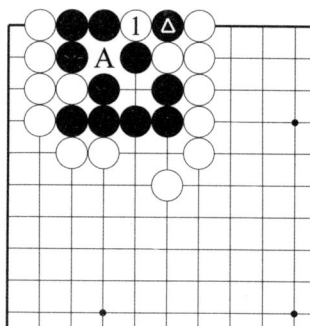

图 1

图2 白1提一子，白若劫胜，可A位继续提三子，或者就算在△位粘劫，黑整块棋都死了。一个劫关系到一块棋甚至几块棋的死活，称生死劫。本图这个劫就关系到黑一块棋的存亡，故此劫对黑棋来说是生死劫。此劫若黑胜，顶多也就是1位粘上，对白棋的死活无丝毫影响，故对白棋来说是个无忧劫。打无忧劫时自然轻松无比，打生死劫时则负担很重。

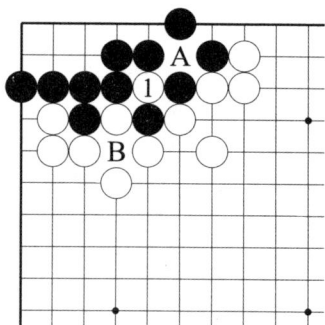

图 2

图3 白1提一子后，接着还能在A位再提；白1若不提，黑也能在B位提白子。这种黑白双方可连续提来提去的劫称套劫。

图 3

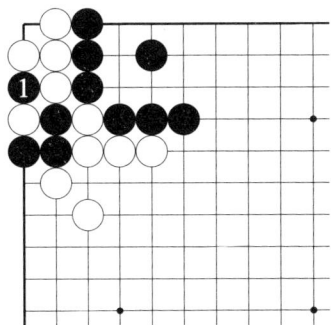

图 4

图4　这个劫对双方来说都是紧气劫，谁劫胜都可一步棋将对方数子提掉。现在黑1先提劫，所以称黑方为先手劫，白方则为后手劫。一般来说，先手劫总比后手劫好些，能打先手劫时就不要去打后手劫。

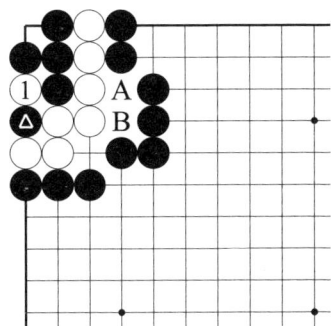

图 5

图5　白1提劫，下一步可马上再提黑四子，这个劫对黑来说是紧劫；即使黑▲位提回，黑却不能接着提白七子，还需要再于A位和B位紧上气，所以此劫对白来说是个缓气劫，是个缓两气的劫。在白缓两气甚至缓气更多的情况下，黑仍硬撑着打劫，这种状况俗称"泡劫"，也可称"打赖皮劫"。

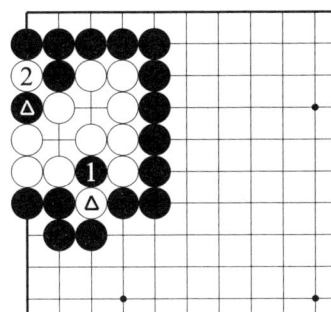

图 6

图6　黑1提，白2也提，将来黑▲位提回时，白也⊙位提回，这样的劫称摇橹劫。有摇橹劫在，白尽可放心，白这块棋可视作净活。黑1提后若紧接着在▲位粘，则白2提后也在⊙位粘，则摇橹劫解消，黑更为无趣。有人习惯于把摇橹劫叫连环劫，提法虽不同，意思是一样的。

练习题

以下各图均为黑先，请在 A～C 中选择正确下法。

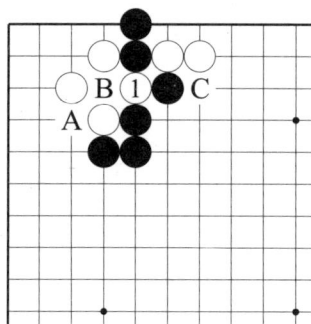

习题1

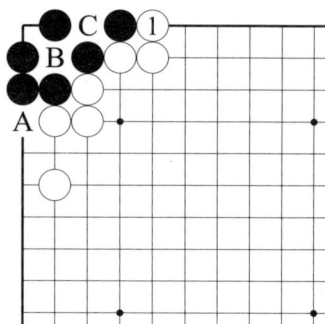

习题2

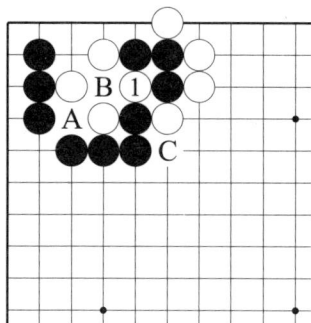

习题3

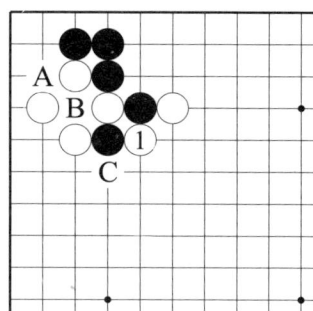

习题4

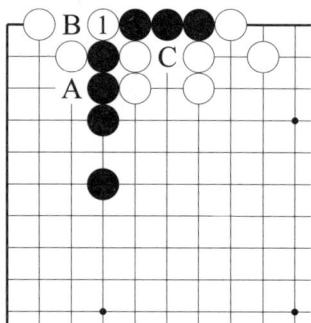

习题5

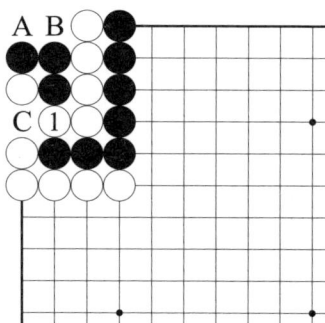

习题6

以下各图均为黑先，请在A～C中选择正确下法。

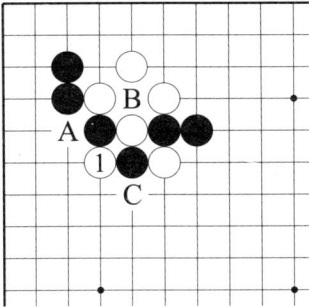

习题7

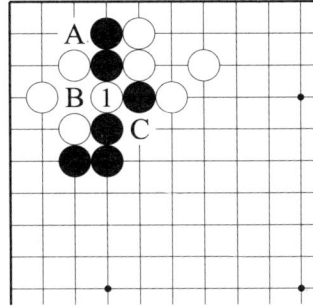

习题8

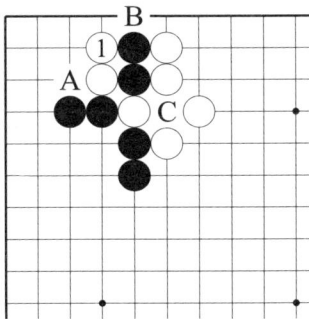

习题9

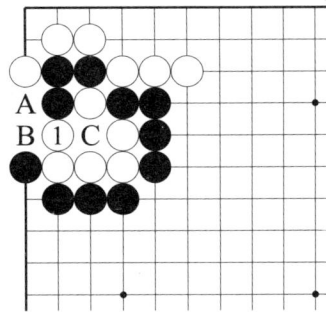

习题10

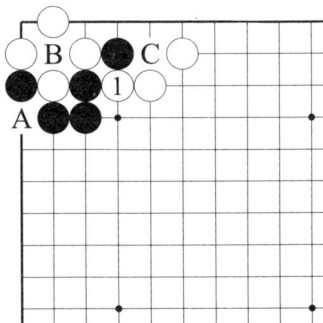

习题11

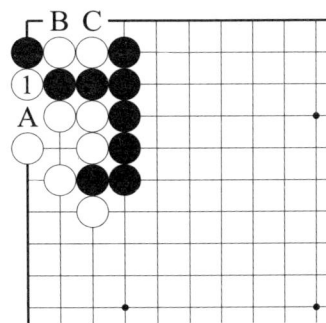

习题12

以下各图均为黑先，请在A～C中选择正确下法。

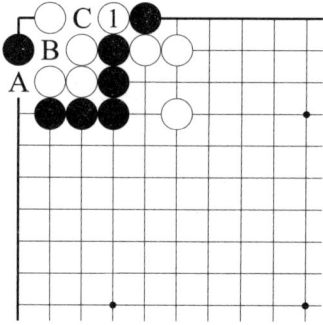

习题13

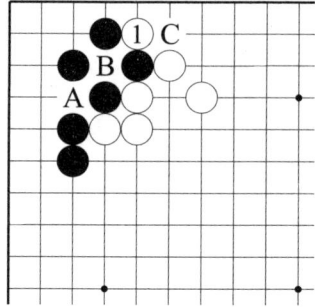

习题14

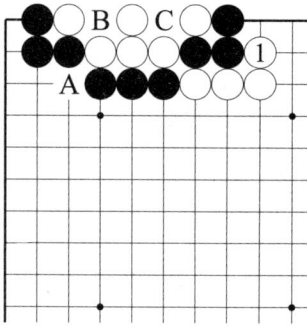

习题15

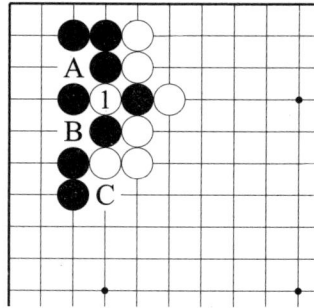

习题16

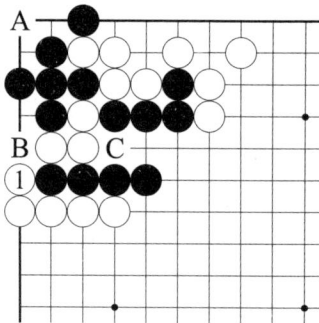

习题17

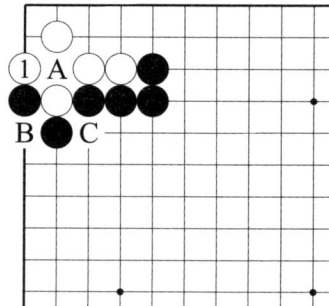

习题18

以下各图均为黑先，请在 A 和 B 中选择正确下法。

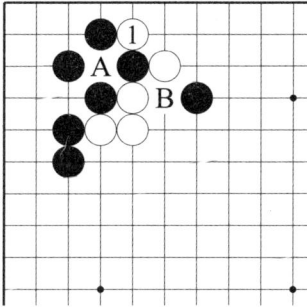

习题19

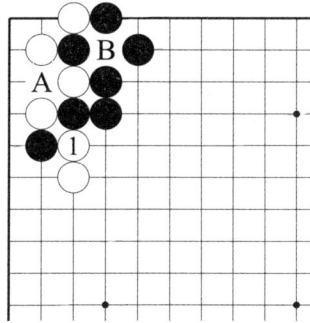

习题20

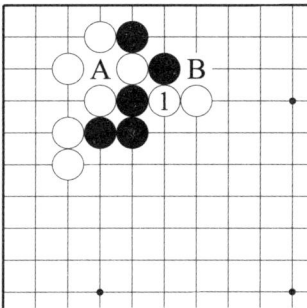

习题21

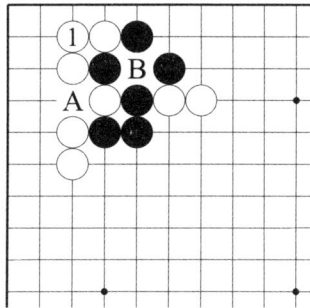

习题22

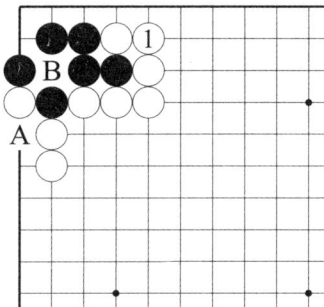

习题23

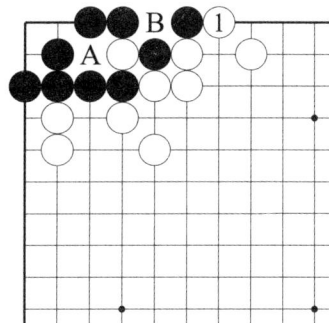

习题24

以下各图均为黑先，请在A和B中选择正确下法。

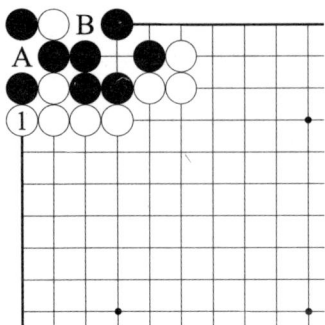

习题25

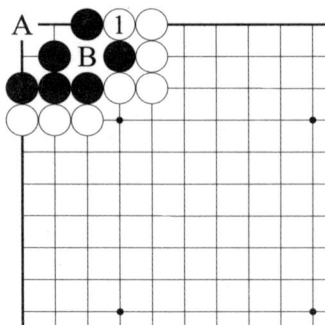

习题26

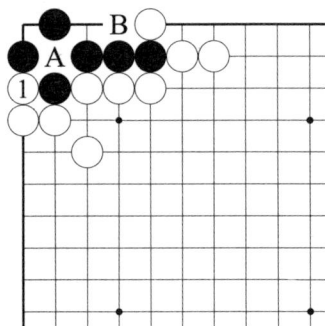

习题27

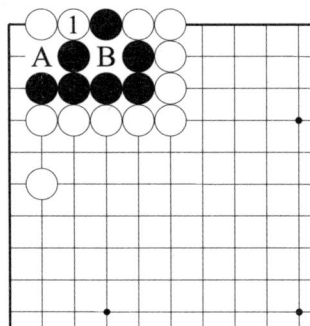

习题28

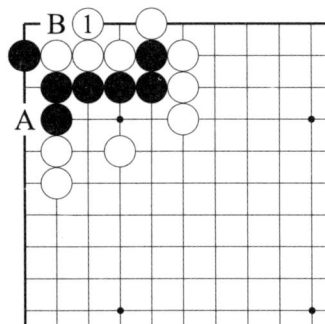

习题29

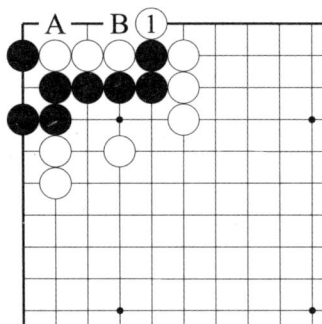

习题30

以下各图均为黑先，请在A和B中选择正确下法。

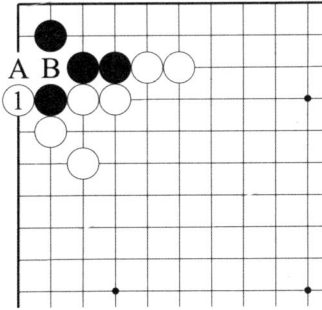

习题31

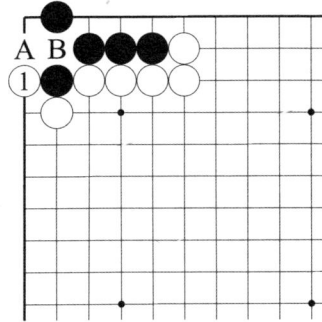

习题32

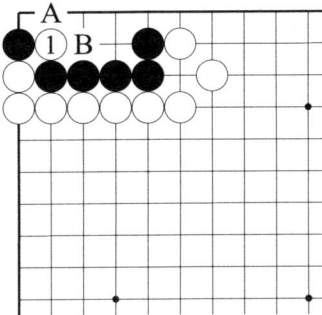

习题33

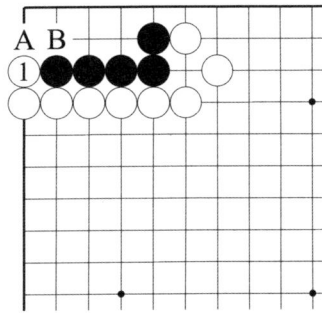

习题34

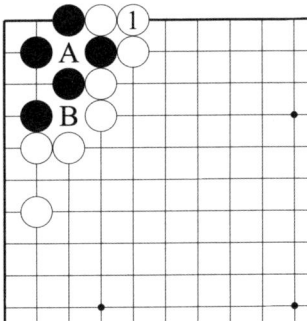

习题35

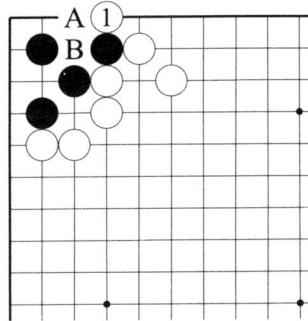

习题36

以下各图均为黑先，请在A和B中选择正确下法。

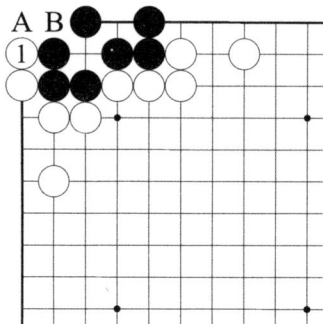

习题37

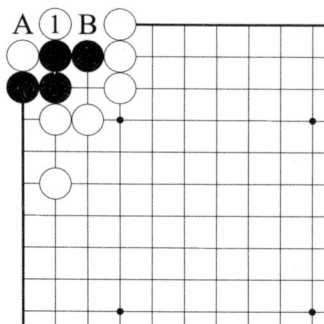

习题38

练习题解答

习题1~习题 6 解答：B，C，B，B，B，C

习题7~习题12解答：B，B，C，C，B，A

习题13~习题18解答：C，B，C，B，B，A

习题19~习题24解答：A，A，A，A，A，B

习题25~习题30解答：A，A，B，A，B，B

习题31~习题36解答：A，A，A，A，A，A

习题37~习题38解答：B，B

第9章 攻击与防守训练

攻击和防守都是极为重要的。进攻的本质,是通过攻击获取利益;而防守,其作用与进攻正相反,是不让对方得到攻击的利益。

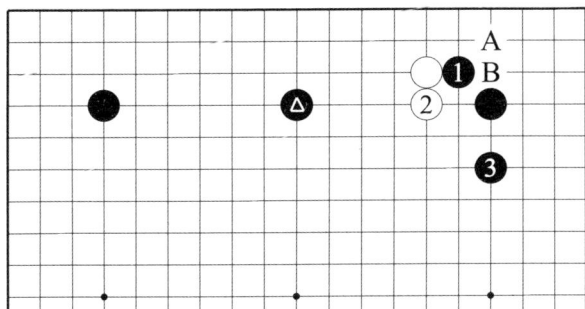

图 1

图1 该进攻的时候要进攻。白棋来小飞挂,黑1先尖顶,不让白棋进到角里来,然后黑3再守,黑⚫一子正好处在对白二子形成夹攻的位置上。黑棋如果不先尖顶而直接下3位守,被白A位飞或B位托后就地生根,黑就失去了攻击的目标。

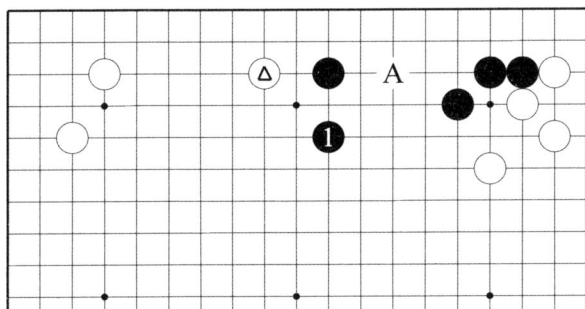

图 2

图2 该防守的时候要防守。白△拦逼时,黑1跳补一手是必要的,不仅防止了白在A位的打入,对以后侵消白左上也会发挥一定的作用。

练习题

以下各图均为黑先，请在A和B中选择正确下法。

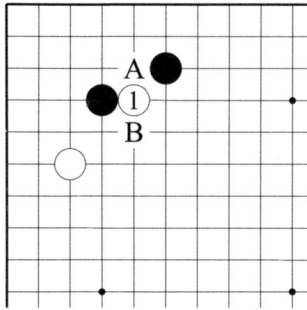

习题1

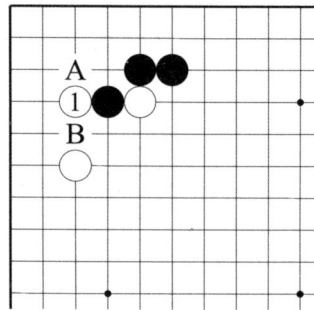

习题2

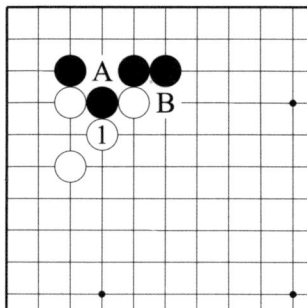

习题3

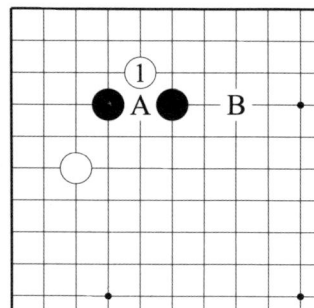

习题4

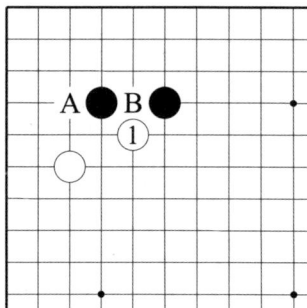

习题5

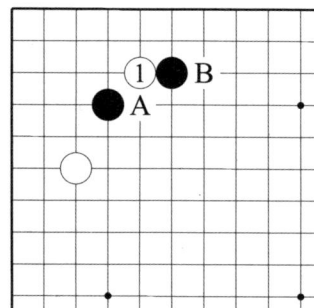

习题6

以下各图均为黑先，请在A和B中选择正确下法。

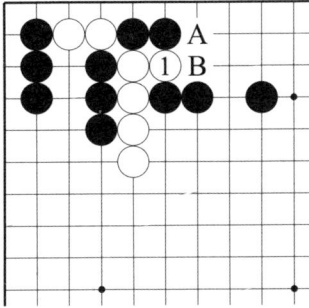

习题7

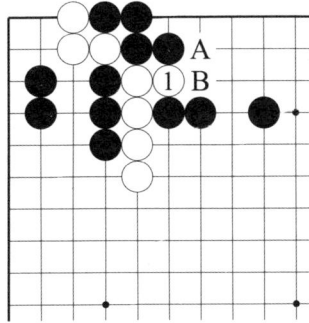

习题8

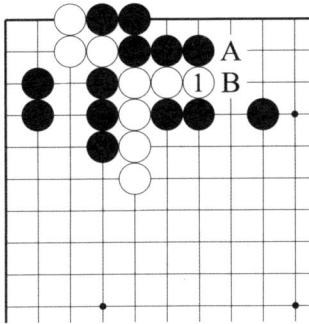

习题9

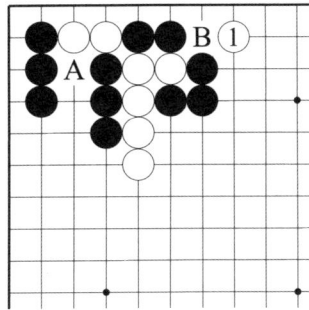

习题10

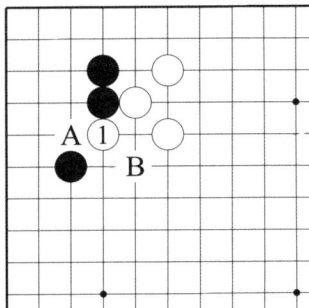

习题11

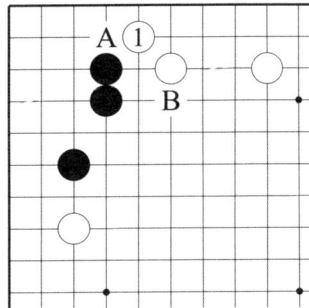

习题12

以下各图均为黑先，请在A和B中选择正确下法。

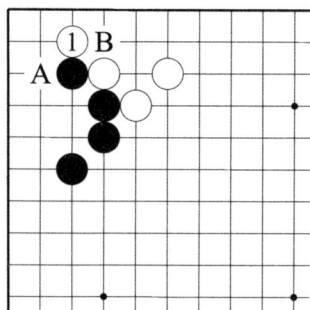

习题13

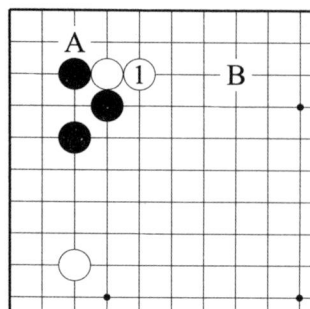

习题14

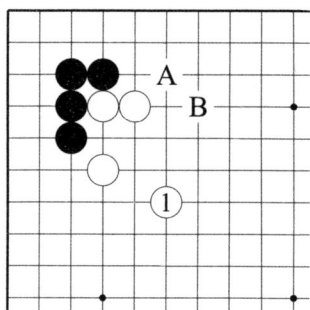

习题15

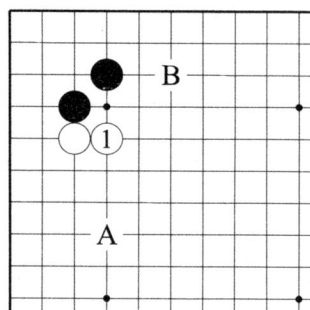

习题16

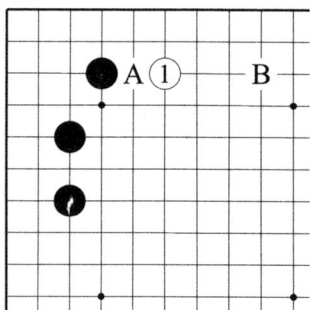

习题17

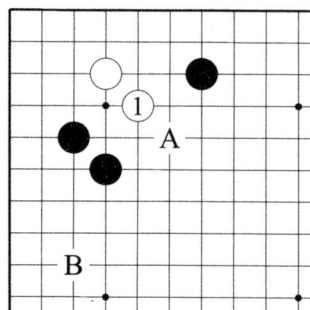

习题18

以下各图均为黑先，请在 A 和 B 中选择正确下法。

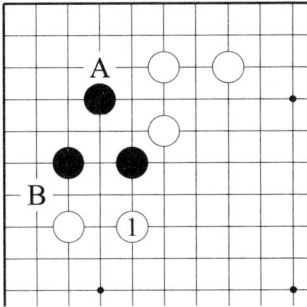

习题 19

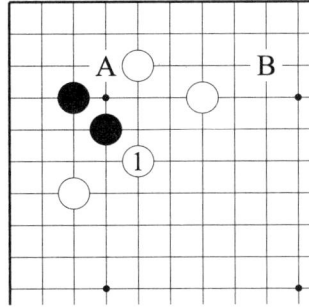

习题 20

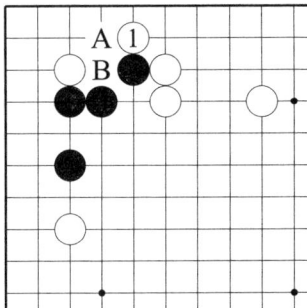

习题 21

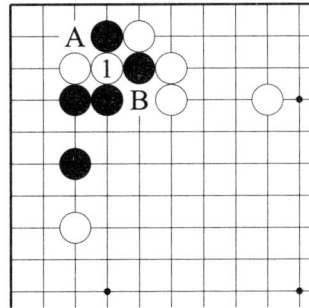

习题 22

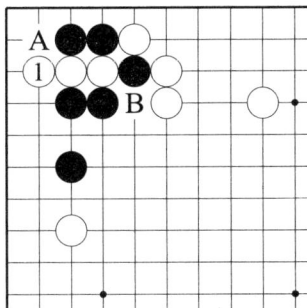

习题 23

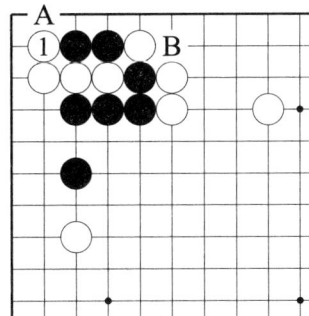

习题 24

以下各图均为黑先，请在A和B中选择正确下法。

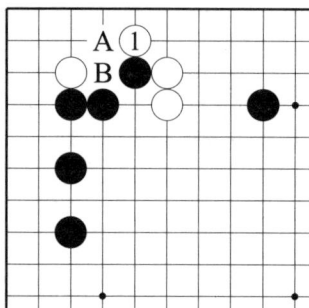

习题25

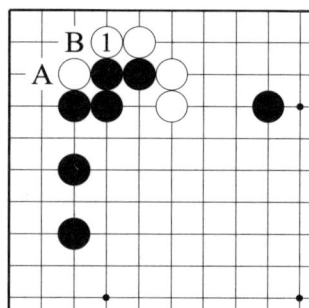

习题26

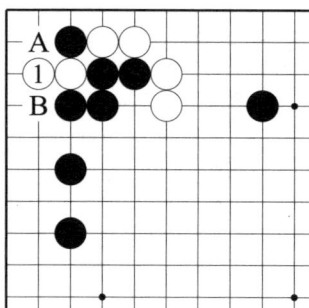

习题27

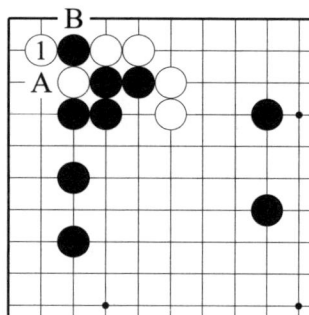

习题28

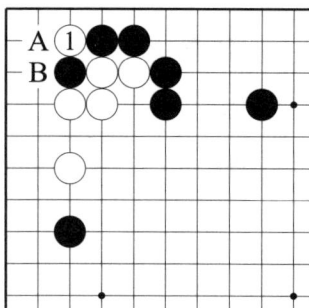

习题29

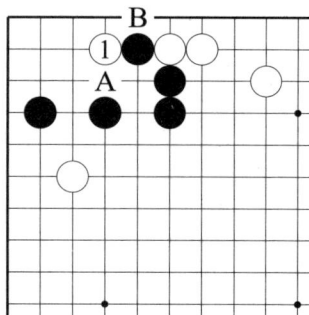

习题30

以下各图均为黑先，请在A和B中选择正确下法。

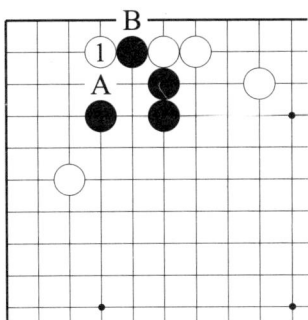

习题31

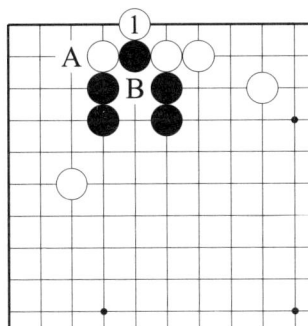

习题32

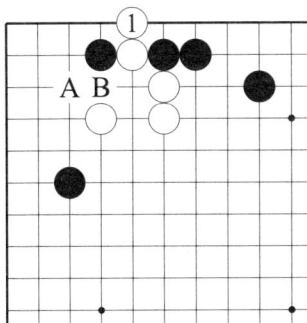

习题33

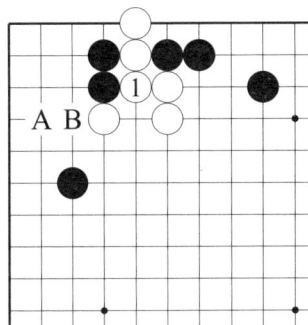

习题34

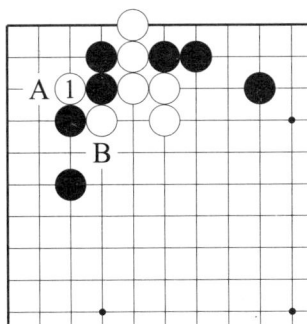

习题35

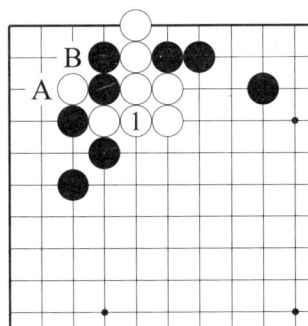

习题36

以下各图均为黑先，请在A和B中选择正确下法。

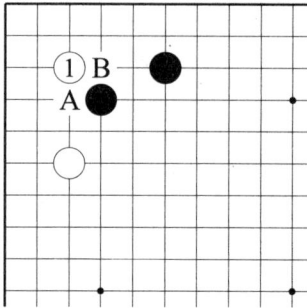

习题37

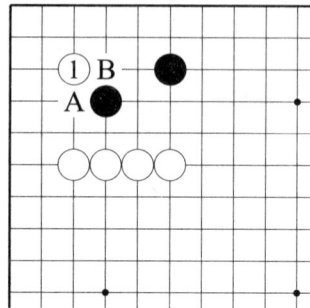

习题38

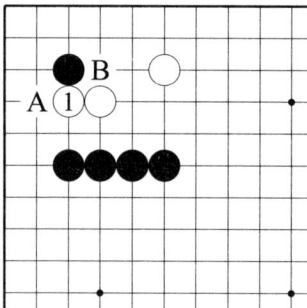

习题39

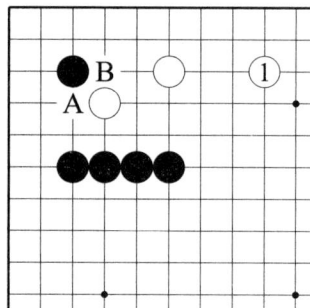

习题40

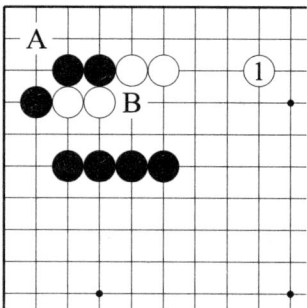

习题41

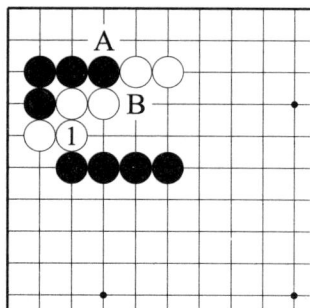

习题42

以下各图均为黑先，请在A和B中选择正确下法。

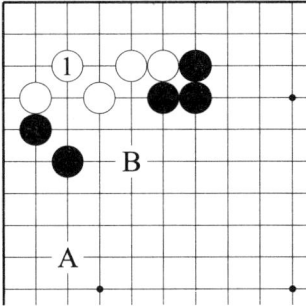

习题43

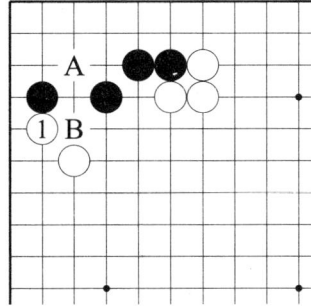

习题44

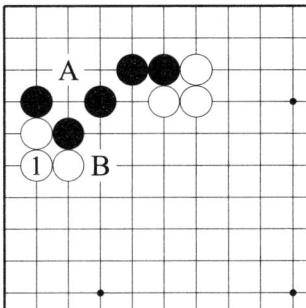

习题45

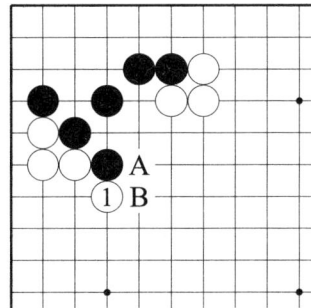

习题46

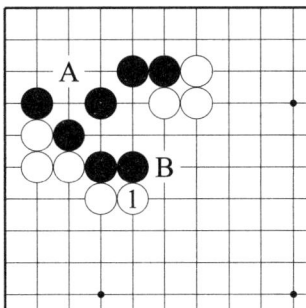

习题47

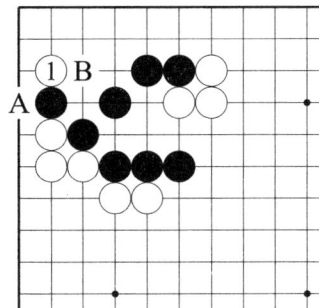

习题48

185

以下各图均为黑先，请在 A 和 B 中选择正确下法。

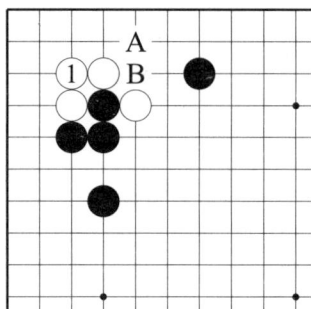

习题 49

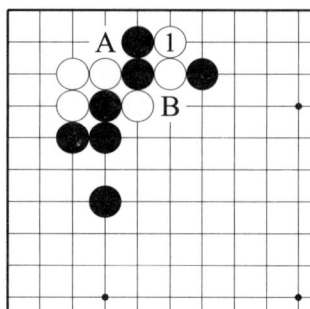

习题 50

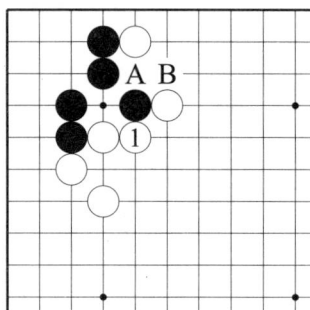

习题 51

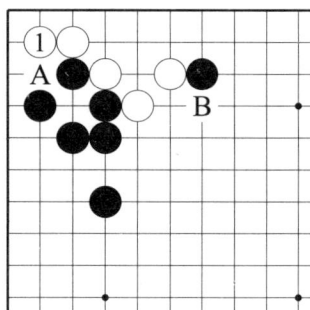

习题 52

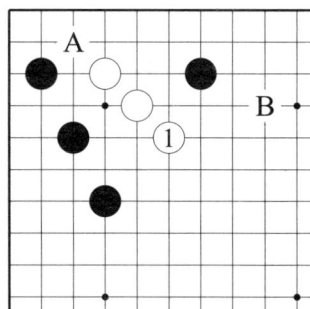

习题 53

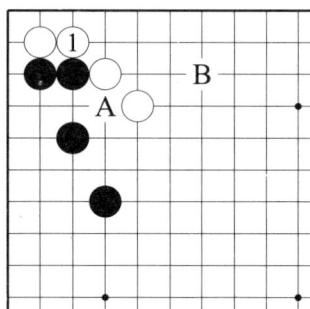

习题 54

以下各图均为黑先，请在A和B中选择正确下法。

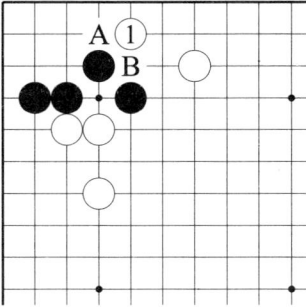

习题 55

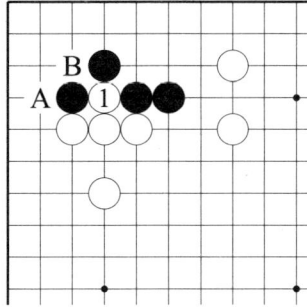

习题 56

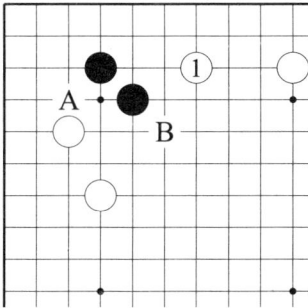

习题 57

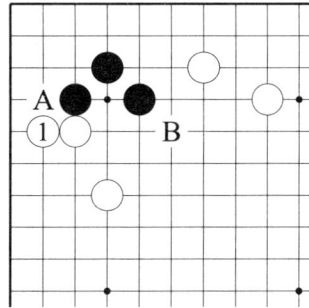

习题 58

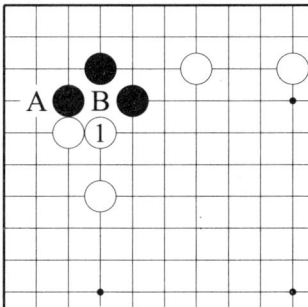

习题 59

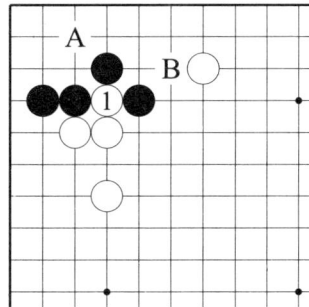

习题 60

以下各图均为黑先，请在 A 和 B 中选择正确下法。

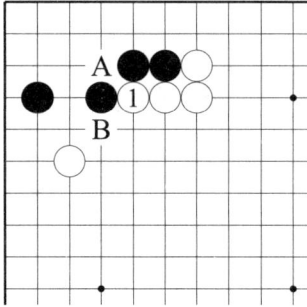

习题 61

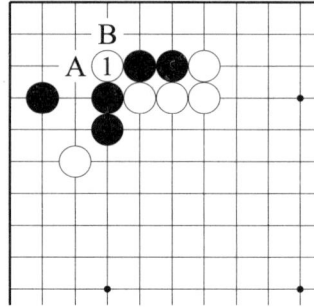

习题 62

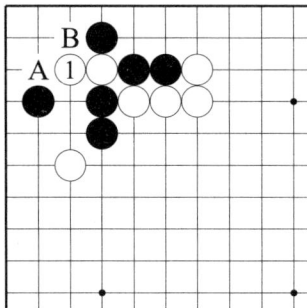

习题 63

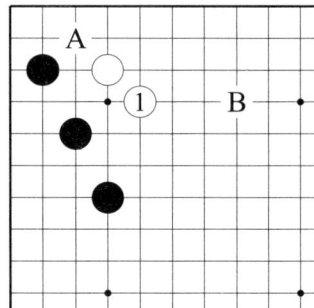

习题 64

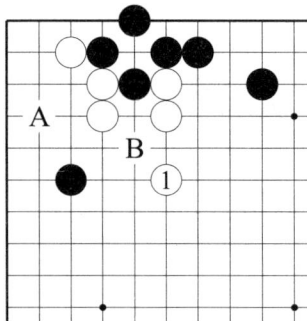

习题 65

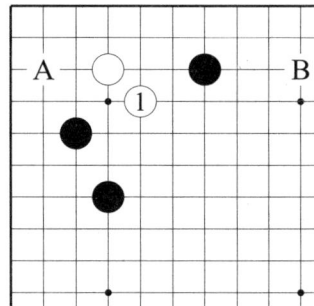

习题 66

以下各图均为黑先，请在A和B中选择正确下法。

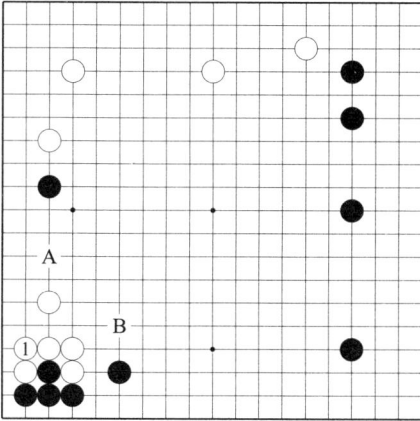

习题67

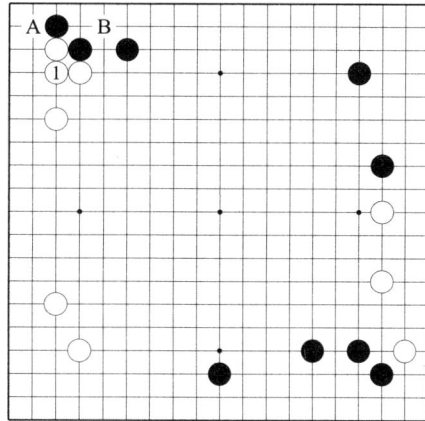

习题68

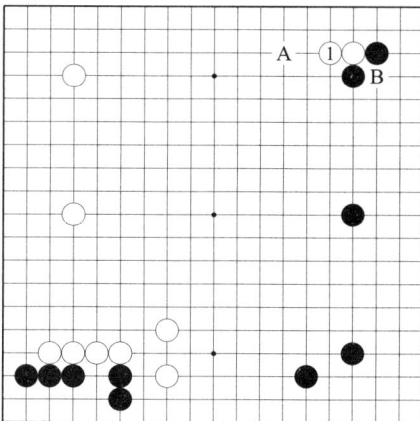

习题69

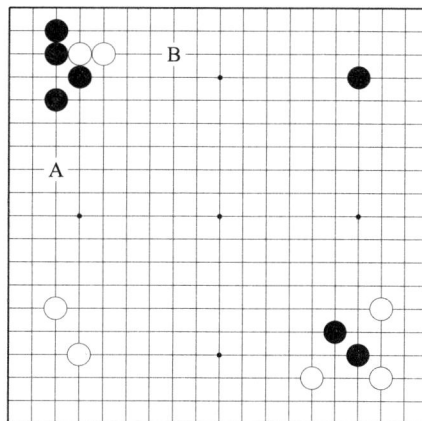

习题70

以下各图均为黑先，请在 A 和 B 中选择正确下法。

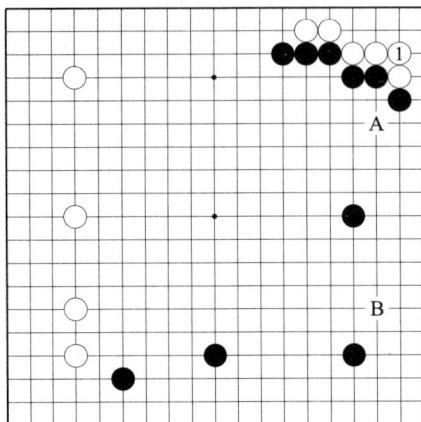

习题71

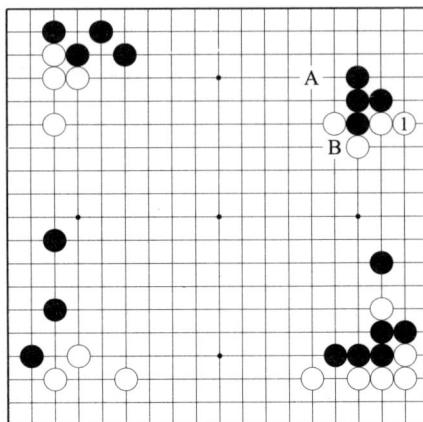

习题72

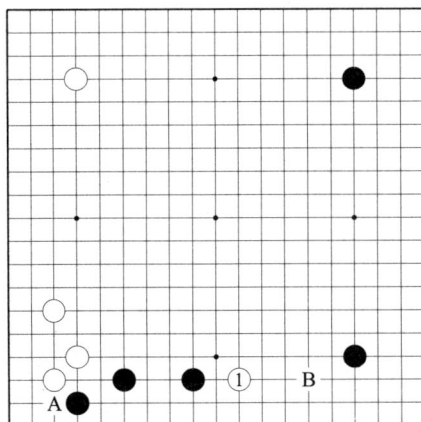

习题73

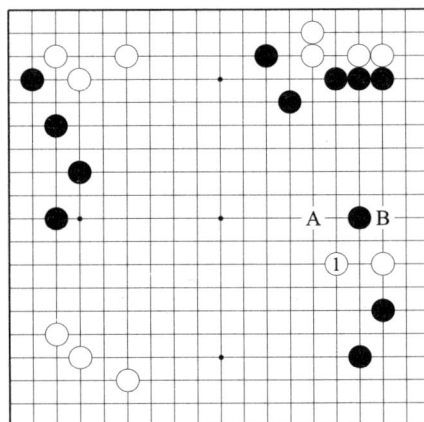

习题74

以下各图均为黑先，请在A和B中选择正确下法。

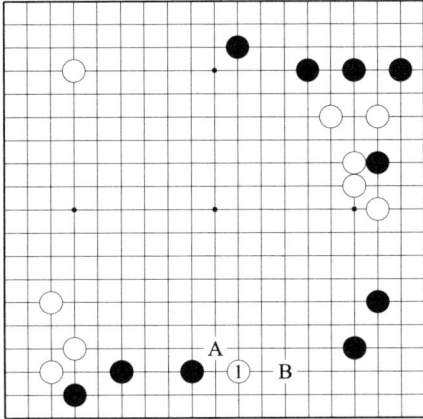

习题75

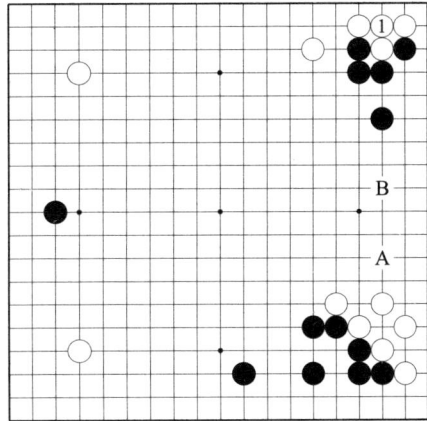

习题76

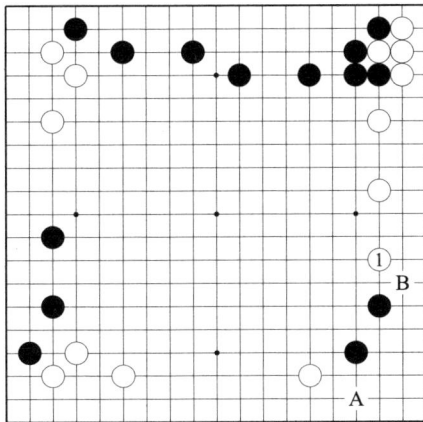

习题77

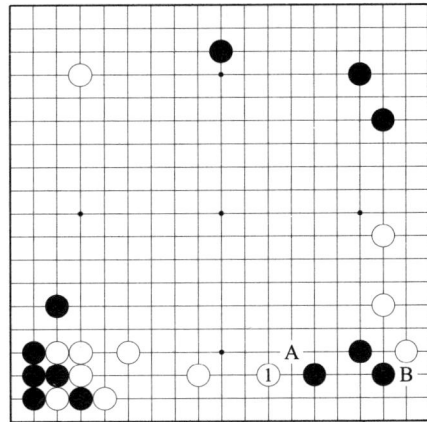

习题78

以下各图均为黑先，请在A和B中选择正确下法。

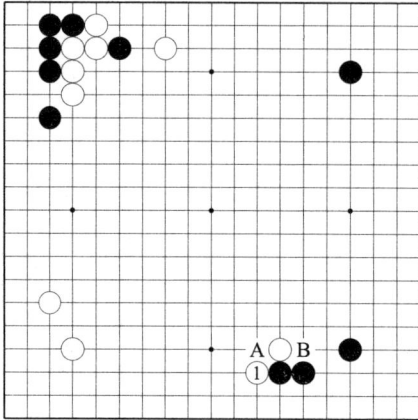

习题79

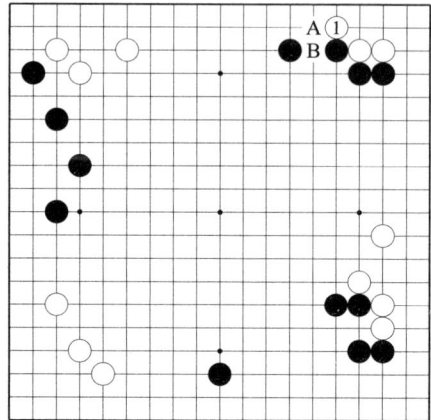

习题80

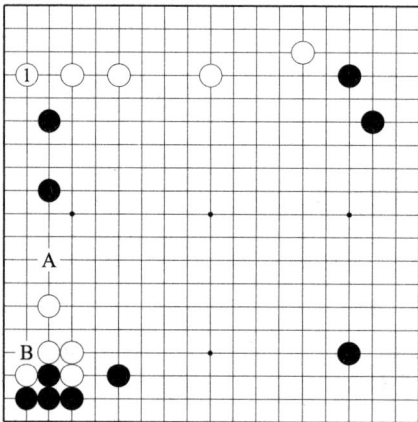

习题81

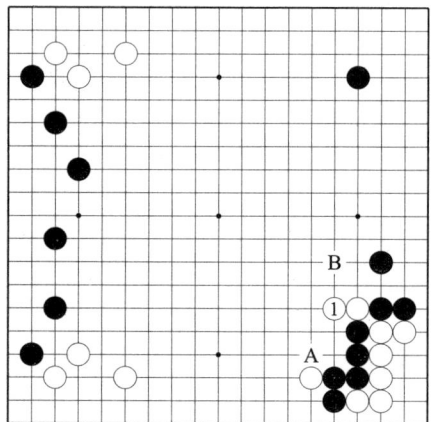

习题82

以下各图均为黑先，请在A和B中选择正确下法。

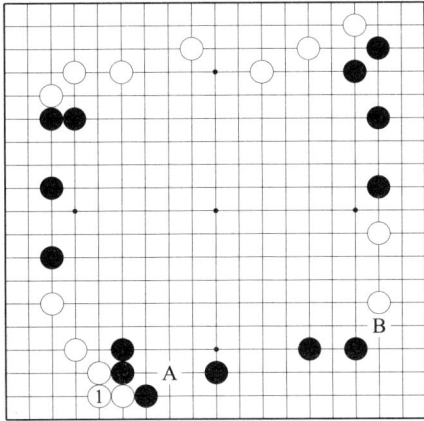

习题83

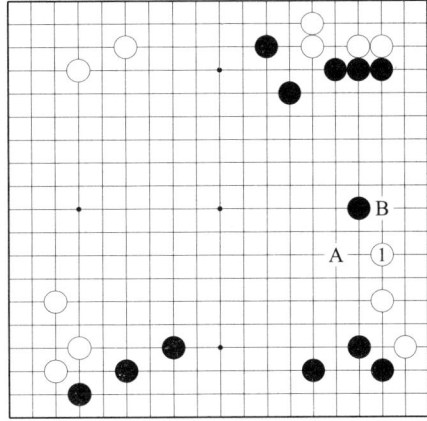

习题84

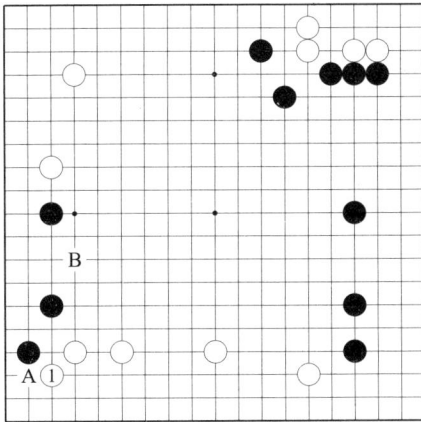

习题85

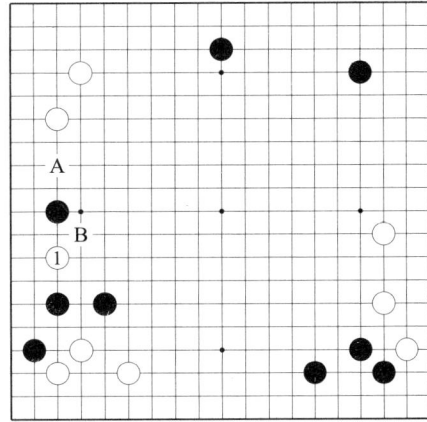

习题86

练习题解答

习题1~习题 6 解答：A，A，A，A，B，A

习题7~习题12解答：B，A，B，B，A，A

习题13~习题18解答：B，A，A，B，B，A

习题19~习题24解答：A，A，A，A，B，B

习题25~习题30解答：B，B，A，A，A，B

习题31~习题36解答：A，A，B，B，B，B

习题37~习题42解答：A，B，B，B，B，B

习题43~习题48解答：B，B，A，A，B，A

习题49~习题54解答：B，B，B，B，B，B

习题55~习题60解答：A，B，A，A，A，B

习题61~习题66解答：B，B，B，B，A，A

习题67~习题70解答：A，B，B，B

习题71~习题74解答：A，B，B，B

习题75~习题78解答：B，B，A，B

习题79~习题82解答：A，A，A，A

习题83~习题86解答：B，B，B，B

第10章 收官训练

计算官子，首先要有目的概念。目是判断价值大小的计量单位。简单地说，就是围起一个交叉点为1目，提起对方一子或吃住对方一子为2目。

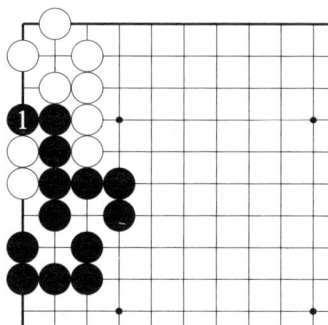

图 1

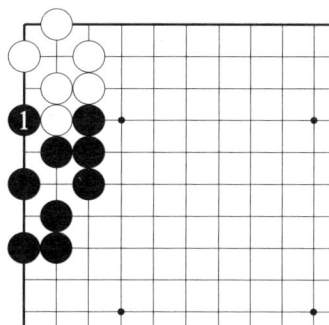

图 2

图1 黑1吃住白两子，同时还围住一个交叉点，价值是5目。

图2 黑1阻止了白下1位成1目，故黑1的价值是1目。

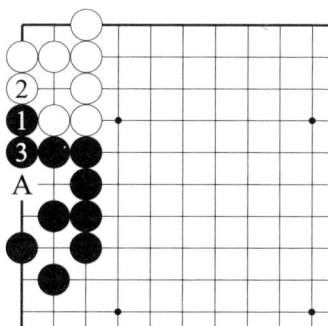

图 3

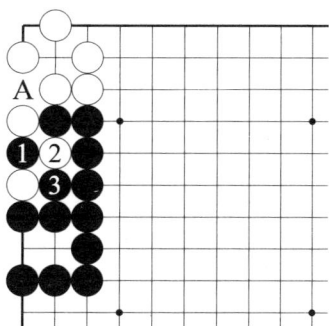

图 4

图3 黑1、3扳粘，与白3位扳、黑A位挡、白1位粘相比，前者黑多1目、白少1目，后者白多1目、黑少1目，出入合计都是2目。

图4 黑1扑先送出去1目，然后吃住白两子得4目，相抵后得3目。如同黑1扑时，白在A位接，黑再于3位提一子，价值还是3目。

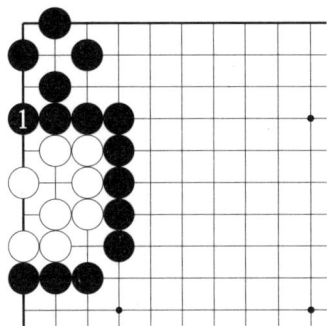

图　5

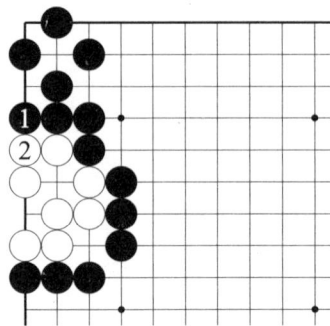

图　6

图5　黑1自己围1目，黑1是后手，故而可称黑1为后手1目，其价值也就是1目。

图6　现在情况不同了。黑1自己围1目，但黑1后白2必须应，黑1为先手1目。先手与后手的区别是很大的，一般来说，先手官子的价值要加倍计算。也就是说，由于黑1是先手，其价值便从原来的1目变成了2目。

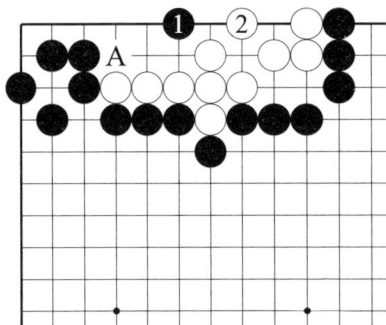

图　7

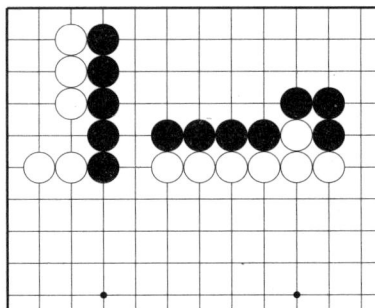

图　8

图7　黑1大飞，白2非补不可，黑自身虽没增目，但使白地缩减为2目。若黑1不飞，让白在A位挡住，白地是8目。飞与不飞的出入有6目，而黑1是先手，换算成后手官子就是12目。

图8　上面说的是单方先手的官子，现在看看双方先手的官子。如本图，你能看出什么地方存在着双方先手的官子吗?

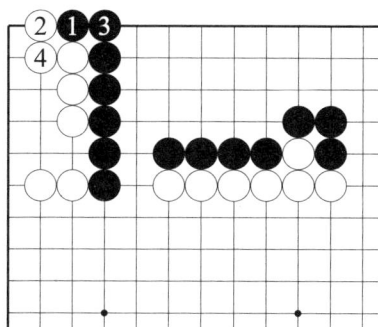

图 9

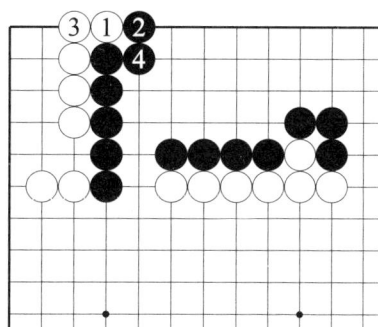

图 10

图9　黑1、3扳粘是先手。

图10　白1、3扳粘也是先手。

以上两图相较，图9黑地多2目白地少2目，图10白地多2目而黑地少2目，里外里是4目。像这样双方先手的官子，最应优先抢占。

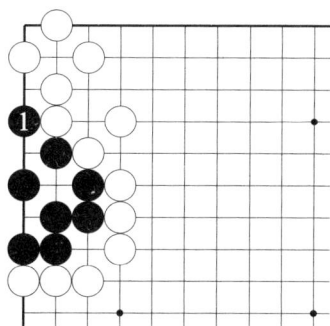

图 11

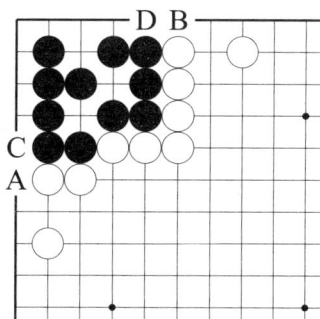

图 12

图11　实际对局中，属于一方的先手官子也可能被另一方先走到，这种情况叫"逆收"，逆收官子的价值等同于先手官子。1位原是白棋的先手权利，现被黑1逆收。黑1妨碍了白先手得1目，其价值为2目。

图12　收官时出现的两个价值完全相等的官子叫对应官子。如黑可在A位或B位扳粘，白也可在C位或D位扳粘，这两个都是后手2目的官子就是对应官子。类似这样的对应官子，双方都不必忙于去占，总是你一个我一个，更大的官子也是一样。

练习题

以下各图均为黑先，请在 A 和 B 中选择正确下法。

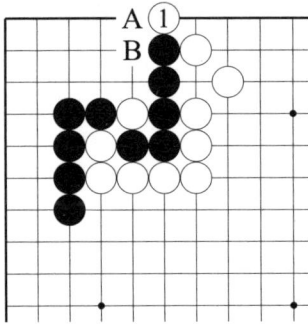

习题1

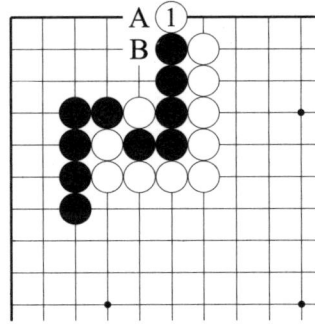

习题2

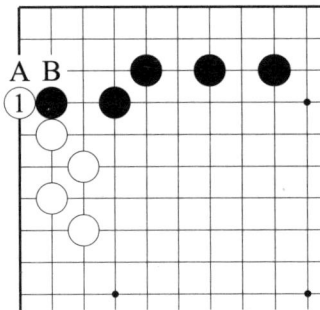

习题3

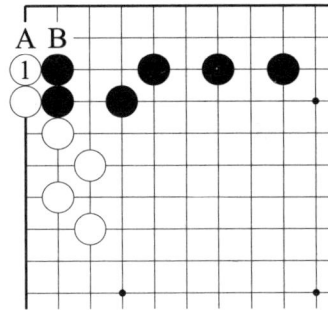

习题4

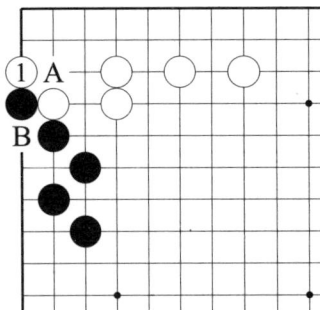

习题5

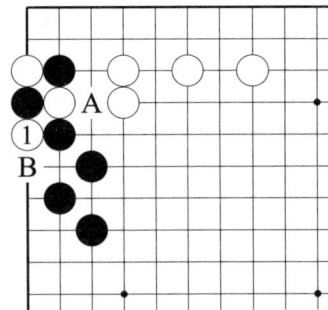

习题6

以下各图均为黑先，请在 A 和 B 中选择正确下法。

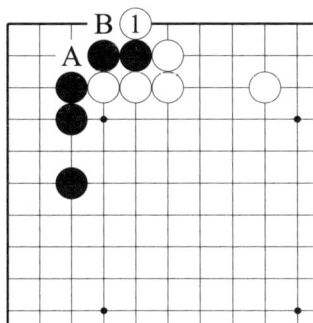

习题 7

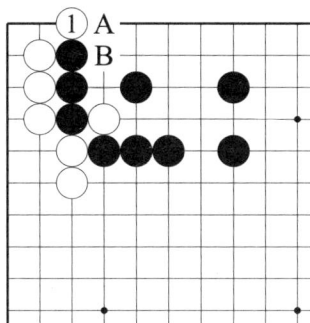

习题 8

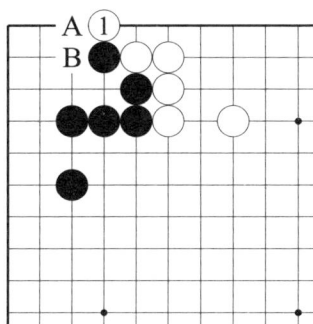

习题 9

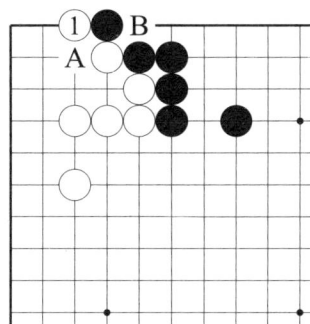

习题 10

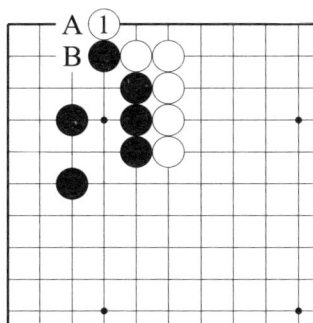

习题 11

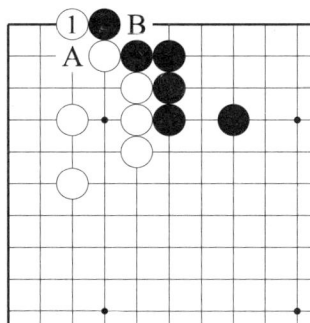

习题 12

以下各图均为黑先，请在 A 和 B 中选择正确下法。

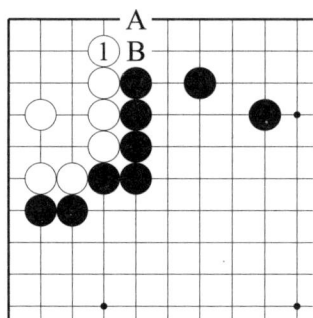

习题 13

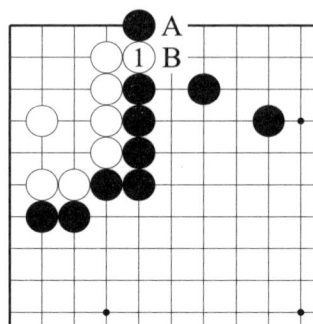

习题 14

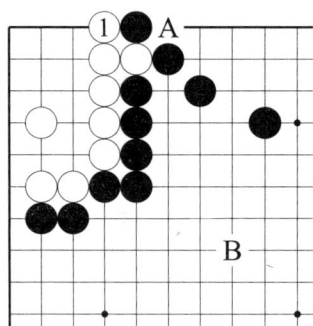

习题 15

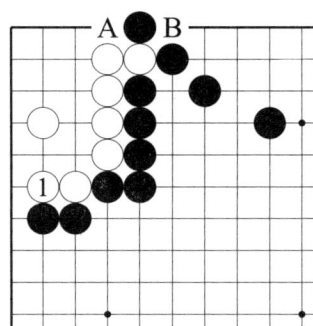

习题 16

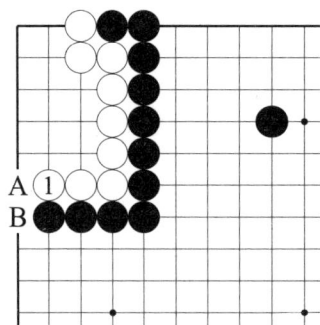

习题 17

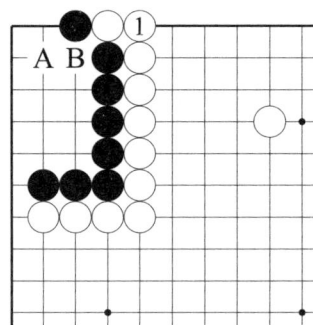

习题 18

以下各图均为黑先，请在 A 和 B 中选择正确下法。

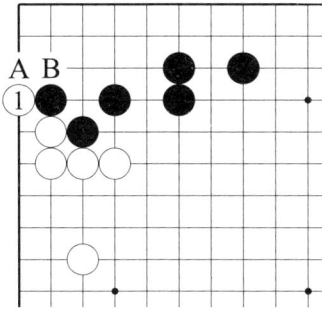

习题 19

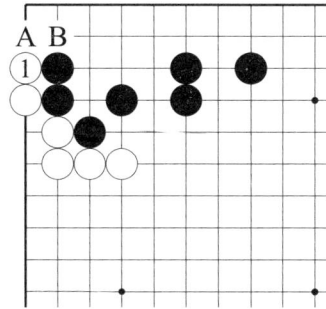

习题 20

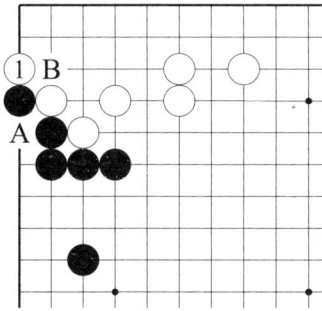

习题 21

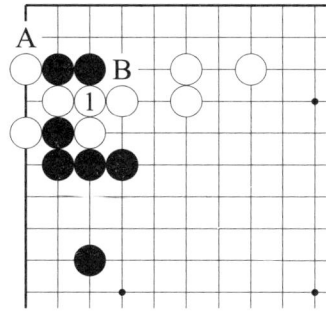

习题 22

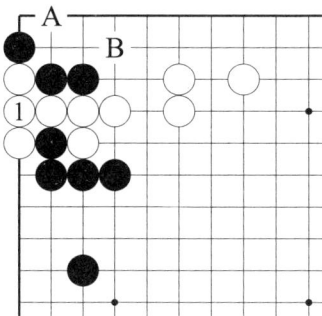

习题 23

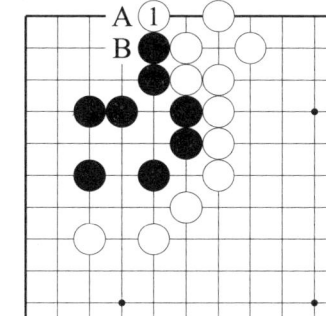

习题 24

以下各图均为黑先,请在 A 和 B 中选择正确下法。

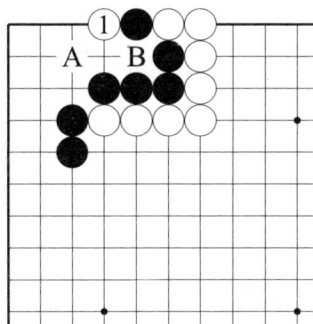

习题 25

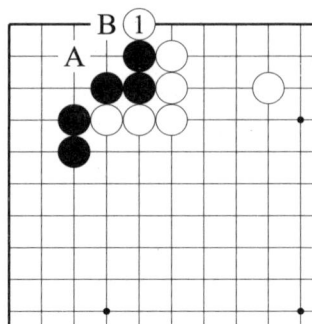

习题 26

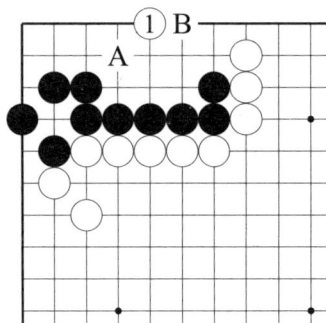

习题 27

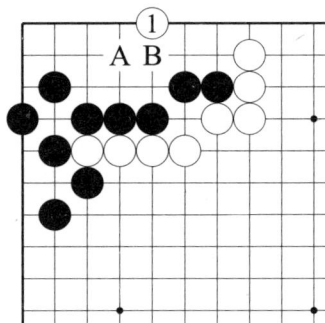

习题 28

练习题解答

习题 1 ~习题 6 解答:A,B,B,A,A,A

习题 7 ~习题 12 解答:A,B,A,B,B,A

习题 13~习题 18 解答:A,B,B,A,A,A

习题 19~习题 24 解答:B,A,B,A,A,B

习题 25~习题 28 解答:A,A,A,B